AF188710

EGOTT = ALL1SEIN

BEWUSSTSEIN

Moderne Lebens-Philosophie LIVE
Fühlosophie = Philosofühlen
Selbsterkenntnis

Das kleine Buch der
grossen Wiederholungen...

Die Wahrheit über DICH SELBST

Bibliografische Information der Deutschen Nationalbibliothek:
Die Deutsche Nationalbibliothek verzeichnet diese Publikation
in der Deutschen Nationalbibliografie; detaillierte bibliografische
Daten sind im Internet über dnb.dnb.de abrufbar.

© 2019 Dr. Harry Phil

Herstellung und Verlag:
BoD – Books on Demand, Norderstedt

ISBN: 978-3-7494-5502-7

Sei herzlICH gegrüßt

Dieses Werk ist geschrieben für dICH, gesprochen und gehört von dir selbst sowie hoffentlICH auch so verstanden.

EGOtt: Ego heißt Ich bzw. meint's IchBin, nicht mehr aber auch nicht weniger! In diesem Sinne, mal so ganz ohne negativen psychologischen Beigeschmack.

So, und nun Willkommen bei, mit und durch dICH SELBST.

Du liebster Leser(in) bIST weit mehr als das, was du bis Dato denkst bzw. zu SEin glaubst, deswegen der Titel eGott, welcher mit ICHGOTT, dem ICHBIN, dem SELBST, dem ALL, BEWUSSTSEIN usw. usf. gleichzusetzen IST, denn es gibt nICHts anderes, nix außerhalb von dir GeistSelbst.

Tja, meine Ausdrucksweise entspricht nicht unbedingt dem Gelernten, der Gewohnheit, genauso wenig wie der Hier und Jetzt gebrauchte Schreibstil. Doch mit etwas Humor, wird die Lesung dieser Worte einfach Verstanden Sein (obgleich einige meiner Sätze eher einem sehr provokativem Tritt in den Arsch mit Ohren sehr nahe zu kommen scheinen).
Also, take it easy mit der Schwarte :-)

Selbsterkenntnis, das Wissen um (s)dICH IST nicht nur die Essenz dieser Buchstaben, welche du gerade im Geiste zu, mit und durch dICH selbst spricht und natürlICH dabei auch gleichzeitig hörst, sondern auch Sinn und Zweck dEINes DaSEins.

Wir, also du und ich werden sozusagen ein Selbstgespräch führen, welches uns auch in Philosophie, Fühlosophie bzw. das Philoso-fühlen wie ich's gerne nenne, Religion und Wissenschaft aber vor allen Dingen in Uns Selbst, Einblicke wie Wissen verschafft. Die eigene Geisteswissenschaft ist nun angesagt, und auf geht's.

Was und wer bin ich, welchen Sinn hat das Leben, gibt es Gott?
Diese Seins -und Sinnfragen beschäftigen auf irgendeine Art und Weise fast jeden einmal, doch viele gehen diesen Fragen nicht nach. Fragen jedoch sind der Anfang von Weisheit.
Aber es bedarf einer gewissen Reife, echten Interesses, um sICH dieser Thematik auch wirklich zu widmen.
Hier geht es weder um Pop-Eso noch um New-Age, ohne Drogen, ohne Kirche oder sonst eine vermeintliche Institution, sondern ganz ALLEIN um das eigene IchBin!
Du Selbst bIST Mittel und Zweck, Weg und Ziel, Alpha wie Omega.

SelbstBewusstSein, kann man (Frau auch) nicht haben sondern man IST's, deswegen heißt's Selbst-BewusstSEIN und Keiner, Nix und Niemand kann Das für irgendjemand machen, tun oder gar erreichen. Selbst ist der Mann und natürlich auch die Frau.

Ego hat man nicht, EgoIST und zwar das ureigenste subjektive ICH.

(Wie gesagt geht es hier nicht drum was bisweilen aus'm Ego in negativer Form gemacht wurde und noch wird, sondern um die eigene SEINsEssenz, die eigene GöttlICHkeit des Selbst).

Was du mit absoluter Sicherheit von dir selbst behaupten kannst ist dass du bIST, also dEin ICHBIN. Du weißt dies gewiss, ohne drüber nachzudenken, ohne ein Konzept, du bIST dir deines SEINs JETZT voll und ganz bewusst. Du bist Da, dich gibt's. Mit dir als ICHBIN ist der Geist gemeint der diese Zeilen zu sich selber sprICHt und zugleich dieses Sprechen wahrnimmt bzw. hört. Denn mit etwas Übung kannst du deinem eigenen Monolog, oder Dialog, der inneren Stimme selbst auch lauschen.

Anders ausgedrückt, du bist in der Lage deine Gedanken zu betrachten, sie zu beobachten und einfach wahrzunehmen.

Das Gleiche gilt für deine Gefühle und deinen Körper sowie alle anderen Sachen und Dinge welche sich vermeintlich in deiner Umgebung, sprich Außenwelt, zu befinden scheinen.

Klingt doch so recht banal diese Behauptung, so alltäglich, dass wir schon keine Notiz davon nehmen bzw. machen.

!CH? Schlafen, Träumen, Wachen = 3 + das Wissen um diese = 4
Selbsterkenntnis ist anfangs Selbstbeobachtung 24/7, aus dem BewusstSEin wird erst ein BewusstWerdungsProzess der von mir selbst eingeleitet ist. Deswegen liest du hier dieses Buch.
Und laß dICH einfach überraschen was da so Alles (in dir selbst) drin IST.
Du bIST wahrlICH wunderbar, großartig, unbeschreiblich und gleichzeitig doch das Normalste der Welt.
Kritik, falls es dir denn so erscheinen sollte liegt nicht in meiner Absicht, obwohl schon einige Missstände erörtert werden.
Nimm's halt nicht zu persönlich, auch nicht, wenn du dich selber betroffen fühlen solltest. In diesem Sinne, geh mit Gott aber geh, denn du kannst nicht nicht gehen.
Zen - Kein Weg, kein Ziel, nur's Gehen; Verstehen?!

Falls Du bemerken solltest, das hier einiges widersprüchlich tönt, so gehören doch eben diese Widersprüche unweigerlich zusammen. Das Wort Gegenteil drückt es bei genauerer Betrachtung schon aus, so wie Fragen nicht ohne Antworten sind.

Dies ist mittlerweile mein sechstes Buch und im Laufe der Lektüre kriegst du bestimmt noch die ein oder andere Info übern Autor.

Da bekanntlich die Übung den Meister macht, wird der geistige Stoff zum Teil in anderen Gewändern, also Ausdrücken, gekleidet und wiederholt. Dieser Du-Ich-Bin-Geist ist dermaßen weit, dass ein Intellekt ihn nicht fassen bzw. begreifen kann - und doch...

Mit mEINem ALL1SEIN ist das gemEINt, was an sICH wirklICH IST, jedoch nix Ausgedachtes, nichts was man (und immer wieder natürlich Frau auch) sich vorstellen könnte. Und doch IST in Echt keinerlei Trennung vorhanden. Unterschiede gibt's im individualisierten Geist bzw. Bewusstsein schon, sonst wäre dieses Unterfangen nämlich garnicht erst möglich. AllEinsSein ist mehr sowas wie eine Erinnerung, ein wissendes Gefühl.

Echtes Fühlen, also nicht nur die Emotionen, haben wir allerdings nie richtig gelernt, deswegen sind wir insgesamt doch recht Kopflastig geworden.

Ohne Kapitel, ohne Seitennummern, sozusagen „frei Schnauze" sind diese Worte aneinandergereiht. Auch ist der Umfang nicht zu groß gehalten, denn ich gehe davon aus, dass du schon eigene Erfahrung in Punkto SELBST, GOTT usw. gemacht hast und kein Neuling auf dem Gebiet der Selbsterkenntnis bist. So kennst du auch diese Themen betreffend einschlägige Literatur, Seminare, Gurus und Satsangs etc. Alles für die Katz. Selbsterkenntnis ist DAS warum du Hier bIST, wahrscheinlich das Einzige was es noch für dICH zu Verstehen gilt. Dazu braucht du nix weiter als echtes Interesse, den Rest hast du schon, sozusagen In Dir.

Und trotzdem möchte man, dass dieser Kelch an einem vorüber gehen mag, denn es ist die wahre Herkules-Arbeit. So führen viele Wege nach Rom bzw. Roma, was rückwärts gelesen LIEBE heißt. Liebe, Glaube, Hoffnung sind einige Werkzeuge und natürlich Geduld, denn dieses Rom ist nicht an einem Tage erbaut worden.

Zum Selbststudium gibt's natürlich reichlich Hilfe wie z. B. Kabbala, Alchemie, Magie, Buchstabencodes inklusive der dazuge-hörigen Zahlenmystik, echte Religion, echte (Selbst)Wissenschaft sowie eine rechte Philo-sophie. Bei allen Dreien ist das eigentliche Wesen nämlich identisch dasselbe. Aber die Hauptsache bIST nun mal eben DUSELBST!

Sämtliche Hilfen von einem vermeintlichen Außen sind entbehrlich. Alles was du brauchst ist schon immer in dir selbst. Kindliche Neugierde ist gefragt um sICH wirklICH auf's ICHBIN-Abenteuer einzulassen. ES geht ganz ohne Besserwissen und Klugscheißerei.

Der Adept sEiner Selbst IST Schüler wie Lehrer oder aber Meister in einer Person.
Sogar die Wege des Yoga, nicht zu verwechseln mit der hier praktizierten Fitness-Form körperlicher Gymnastik, ChiGong, Mystik, Meditation wie Gebet sind bekannte Lehren zum Ziel des Hier und Jetzt-SEINs.

Wie heißt es doch so treffend; wieso denn in die Ferne schweifen wenn doch das Gute ist so nah, und dieses Gute bzw. das Allerbeste bist nunmal DU-SELBST, dein ureigenes ICHBIN.

Die „Sache" mit dem HIER und JETZT.
Raum und Unendlichkeit, Zeit und Ewigkeit sind bzw. IST Ein -und Dasselbe. ZeiTRäume sind allerdings jene in der Nacht und solche tagsüber. Unser Denken passiert Jetzt, egal ob wir an eine Vergangenheit, eine Zukunft, ja sogar an dieses Jetzt denken, es geschieht tatsächlich niemals anders als Jetzt. So denken wir JETZT an Gestern, JETZT an Morgen, JETZT an Jetzt. All unsere Gedanken sind immer nur JETZT. Du hast noch nie vorhin was gedacht und wirst nachher auch nichts Denken, denn vorher wie nachher werden jetzt gedacht. Die Implementierung ist gewaltig, laß's dir bitte mal auf der Zunge zergehen. Immer und überall IST Hier und Jetzt. Der Glaube an Evolution, unsere ganze

Geschichte, JETZT ge -bzw. erdacht. Im eigenen Kopf, da wo du grad bIST.

Du kannst nie, nimmer, nicht was anderes erleben als genau das was Jetzt IST.

Doch meist sind wir mit dem was wirklich IST so ganz und garnicht einverstanden und wollen, wünschen und möchten eben, dass es nach unseren Ideen, von was auch immer, geschieht und die Schöpfung nach unserer ganz persönlichen Pfeife tanzt. Wir wollen doch die Kontrolle, oder etwa nicht?

Wir wollen nicht etwa kontrolliert werden bzw. sein, sondern wir wollen dann doch lieber selbst diese Funktion innehaben.

Kontrolle ist immer gegen, gegen das was grad IST. Dieser IST-Zustand bedarf deinem Eingreifen, deiner Verbesserung oder einfach deiner Veränderung, denn so wie's grad IST, läßt's sehr zu Wünschen übrig, oder?

In Wirklichkeit liegt aber der Kontrolle Angst zu Grunde, Angst vor allem Möglichen, sogar Angst vor der Angst.

Nach'm Motto dass du deine Feinde lieben sollst, fang mal mit dieser Angst an. Klingt einfacher als es ist. Der kleine aber feine Unterschied zwischen Theorie und Praxis. Genauso wie das Verstehen dieser Worte, Sätze, ja des ganzen Textes.

Das Wort LIEBE meint in diesem Sinne das absolut totale EINVERSTANDENSEIN mit dem was in diesem Moment wirklich IST.

Deine eigenen Gegebenheiten lieben, dICH Selbst, dEINen Nächsten, deine Feinde, ja dEINe ganze Welt, sozusagen „all inclusive". Liebe hast du nicht, die machst du nicht, die BIST DU.

Liebe ist bloß ein anderes Wort für wirkliches Bewusstsein, für Gott, fürs Selbst und eigentlICH eine Beschreibung von deiner eigenen Essenz, von dem Geist der dies hier, jetzt gerade liest (und hoffentlich auch versteht).

Das JETZT entbehrt jeglicher „chrono-logischen Zeit", womit viele erst einmal ein riesen Problem haben. Dieses Hier und Jetzt IST's HIER und JETZT, es gibt nix anderes, und das IST WAHR!

Unsere ge -und erlernte Logik gaukelt uns natürlich immer schön logisch etwas vor, was sich beim Durchleuchten als nur ein kleiner Teilaspekt vom Großen-Ganzen entlarvt. Eltern, Kindergarten, Schule, Beruf, Familie, Freunde, Bekannte wie Verwandte tun allesamt ihr Scherflein beitragen, damit wir ja bloß „Normal bleiben". In Echt ist jedoch gerade diese Normalität unser Gefängnis und wir bestrafen uns selbst damit durch unseren „und täglich grüßt das Murmeltier" im Alltag. Unwissenheit schützt vor Selbststrafe nicht und doch ist's wie bei Goethe mit den zwei Seelen in einer Brust bzw. dem Geist der Gutes will und doch das Böse schafft. Und das Genie eines Meisters Goethe, welchen wir just in diesem Augenblick in unserem Geist, sprich Kopf zu haben scheinen, hat noch wesentlich mehr Weisheiten zwischen Himmel und Erde auf Lager, wie eure Schulweisheiten euch TRäumen lassen. Und das wäre nur Einer aus diesen Landen, denn es gibt da noch eine ganze Menge mehr davon. Alles jedoch immer im eigenen Geist, Hier und Jetzt selbst-gedacht.

MEin Sex'tes Buch ist dEIN Buch, dein ureigenes Exemplar, und falls du's nicht mit nem Computer oder nem E-Book-reader liest und eben die Papierversion in Händen hälst, so darfst du da Reinschreiben, Eselsohren als Lesezeichen machen und dies Alles als dein eigenpersönlICHes Erkenntnismaterial nehmen.

Geschrieben, Gelesen, Gehört in dem Einen GeIST welcher Wir doch wahrlICH Selbst Sind.

Wir wollen FreiSein, nicht bloß Freiheit „Haben" sondern diese wirklICH SEIN. Und FREISEIN ist sozusagen die Freiheit vom eigenen Glauben, vom Fürwahrhalten, vom logisch Gedachten.

FreiSein ist frei sein vom jeglichem Konzept, auch dem der Freiheit selbst.

Freiheit kann man nicht Denken, man IST Sie und dass schon immer. Wirkliches FreiSein ist unvorstellbar, unglaublich aber doch wahr.

Cogito e(r)go sum wird meist mit; ich denke also bin ich übersetzt, doch meint ein Descartes das vielleicht nicht unbedingt so, sondern dass man sICH 100% sICHer sEin kann, DASS MAN DENKT!

Er ist sich also des Denkens sehr bewusst (gewesen), da wir nun ja JETZT an ihn denken bzw. über ihn irgendwelche Informationen haben bzw. verarbeiten. Im Gegensatz zu unserem wissenschaftlich gelehrten Material- ismus wäre dies reinster Idealismus, ja fast sogar schon religiös, bestimmt aber hoch philosophisch. Geht es doch um diese Selbsterkenntnis.

Du sollst mir hier ja auch nicht GLAUBEN, sondern SELBER WISSEN, für, mit und durch dICH Selbst. Ich bin lediglich dEin Weiser, wie ein Wegweiser zum eigenen Prozess (un) - persönlicher Gedankengänge. Denn diese Geistesakrobatik findet sozusagen im eigenen Haupte (Kopf) statt. Genau genommen findet die gesamte Schöpfung im Kopf statt, diesmal jedoch im Haupt Gottes welches im wahrsten Sinne des Wortes und in ultimativer Instanz unsere Birne IST. Birne, weil da das Licht brennt und dann doch niemand zu Hause zu Sein scheint. Untersucht man sEin ICH in und mit seinem Geist, findet man nix und dieses NIX IST gleichsam ALLES.

Beides, Nix (NICHT's) genauso wie's ALLES kann weder gedacht noch vorgestellt werden, wie Gott und die wirkliche Welt.

Diese Aussagen stehen keineswegs in Kontradiktion zu EINander, sondern wie der Rest meiner Worte, ergeben eine 1, ja die EINheit per se.

Harrystoteles Axiome sind etwas anders als die normal philosophischen.

DU BIST GÖTTLICH - SEI (WERDE) ZU (D)EINEM GOTT.

DU BIST ALLES - OHNE DICH GIBT'S NICHTS.

DU BIST LIEBE - BEDINGUNGSLOSE LIEBE.

DU BIST LICHT - DAS LICHT DES BEWUSSTSEINS.

DU BIST GEIST - DER GEIST DER DIES HIER VERSTEHT.

In diesem Sinne ErZähle ICH dir was von Dir Selbst, für dICH Ein Selbstgespräch, wie für mICH auch. Unserer mentaler Monolog im Geist.

Bedenke, die Botschaft ist das WICHtigste, nicht der Botschafter, anders, die Nachricht ist's, nicht der Überbringer. Laß mal deinen freien Willen los und SEIN Willen geschehen und du wirst dICH über deine eigene Zufriedenheit wundern bzw. dICH des Lebens freuen.

Deine GottWerdung ist deine eigene Natur. Eigentlich bist du's ja schon immer, doch hiermit kriegst du wieder etwas Erinnerung an diesen wohl vergessenen Fakt.

Das was wir als Unendlichkeit bezeichnen ist in Wirklichkeit das ALL und unsere Erlebnisse sind immer ein integrativ kleiner Teil vom Großen-Ganzen.

Bedingungslose Liebe ist keine nur Theorie, sondern deine alltägliche Lebenspraxis eben in diesem „Geschehenlassen" dessen was grade IST. Liebe ist das totale Ein-verstandenSein mit'm JETZT.

Nach Einsteins Formel ist dann nämlich Alles Licht, im Lichte deines Bewusstseins welches dann zum wahren SelbstBewusstSein geworden IST.

Der Geist welcher sICH SELBST versteht bIST nur Du Selbst, es gibt nix und niemand neben Dir. Du bIST, warst und wirst Immer göttlICH SEin.

„Selbst zu Göttern müßt ihr werden" - die alten Griechen und - „Ihr seid Götter" - Bibel, Jesus haben Recht.

Wir können unsere materialistisch geprägte Einstellung ändern und uns unserer geistigen Wahrheit wieder bewusst werden bzw. bewusst sein. Fragen, ja auch sich selbst hinterfragen, den eigenen Glauben hinter-fragen, ja überhaupt sich selbst zu Fragen anstatt nur nachzuäffen und nachzuplappern, ist der Beginn eigene Entscheidungen zu treffen und außergewöhnlICH zu SEIN.

Diese „GOTTWERDUNG" hat mehr mit einem sICH Erinnern zu tun als mit irgendeiner anderen Aktion. Es ist ein geistiger Akt des (Selbst)Verstehens, des Erfassens sowie Begreifens der eigenen Natur, dass es ohne mICH auch keine Welt da draußen gibt, auch wenn mir dies zur Zeit als kompletter Quatsch erscheinen mag. Durch Selbstbeobachtung kann ich's allerdings an jedem Tag selbst rausfinden. Wenn ich schlafe, existiere ich für mich genauso wenig wie eine Welt. Eins geht ohne's Andere nunmal nICHt. UND IM Schlaf bin ich sozusagen Gott am Nächsten.

Oh Ja, ich weiß, das klingt recht hart, aber ich spreche hier die Wahrheit, von und durch jedem selbst nachprüfbar.

Der logische Glaube, dass die Welt auch ohne mICH da sei, ist so tief in uns verwurzelt, dass es eine Einsicht in die wirkliche Wahrheit fast unmöglich macht. Deswegen die Aufgabe, sprich das Aufgeben eben dieser, unserer persönlichen Logik bzw. des persönlichen Glaubens.

Liebe als totale Akzeptanz des Gegenwärtigen ist dann so to speak, der Schlüssel zum himmlischen Königreich. Das (Selbst)-Bewusstsein um mEine eigene UnendlICHkeit, mein wirklICHes ALLEINSSEIN IST nämlICH DAS was Vergebung und Verzeihen ausmacht.

Ich vergebe und verzeihe mir wie meinen PEINigern. Das ist gleichzeitig die „Goldene Regel". Wie Ich Mir, So Ich Dir!

Jeden Abend gehen wir Schlafen um dann wieder zu Erwachen. Jeden Morgen ist da dieses Aufwachen, welches automatisch, also Von-Selbst bzw. von ganz Allein geschieht. Das Einschlafen, also die Traumlosigkeit kriegen wir garnicht mit, denn wo's kein Ich-Bewusstsein gibt herrscht's Chaos im Sinne von der schon gesagten Leere aus welcher dann unsere gesamte Kosmologie entspringt. Dieses Chaos ist die Quelle von Allem. Dieses Chaos ist vor jedem Anfang bzw. vor jedem Etwas. Und jedes „Etwas" schließt mICH natürlich mit ein.
Eine Welt ohne mICH gibt's nicht.
Man braucht also garnicht auf Seminare, Workshops, Kurse, Klassen und dergleichen, weil in uns selbst bereits dieses ganze Wissen vorhanden ist.
Diese Lehre des eigenen Geistes, des Bewusstseins ist die wirkliche Essenz einer jeden Religion, derselbe Inhalt, je nach Kultur bloß anders verpackt. In jeder Religion ist LIEBE ein Zentralthema, dann der Glaube und die Hoffnung. Das Motto ist immer noch im „Erkenne dICH SELBST".
Die Synthese der Synthesen, d.h. der Polaritäten bIST immer schon Du Selbst, Du als das Ich, als das Ego als Egott.

Deswegen bezeichnet man den Menschen, nicht den erlernten Menschenaffen, sondern den GeistMenschen als das Maß Aller Dinge.

Es gibt nur EINen Geist, ein ICH, ein Bewusstsein und DU bIST's!

DU BIST nämlich wahrlich schon ALLES.

Falls dir deine materielle Logik noch vorschreibt, du stammst vom Affen ab, ergo Menschenaffe, ist's an der Zeit für eine Kurskorrektur. Du als dEIN EGOICH bIST nämlICH GÖTTLICH, ein geISTiges Wesen für welches diese Zeilen bestimmt sind.

Materialismus und Geld sind die Götzen welche von Institutionen gelehrt und an- gebetet werden. Kirche, Staat, Wissenschaft verehren den Mammon in Gestalt des Geldes. Unsere gesamte Existenz baut auf diesen Trugschluss auf und er wird leider viel zu selten hinterfragt. Wir sind so durch und durch mit diesem Dogma indoktriniert, dass wir es ja nicht einmal mehr merken. Wirtschaftswachstum auf Teufel komm raus, und er wird nicht mehr lange auf sich warten lassen. Von wegen „Wissen Ist Macht", Geld ist Macht ist der Zeit-Slogan. Geld ist leider Gottes zum Selbstzweck mutiert und hat als rechtes Tauschmittel seinen Status schon längst verloren. Alles dreht sich um die Kohle, um sie zu haben. Das SEIN ist da schon lange auf der Strecke geblieben.

So sollen wir noch mehr konsumieren um dieses Versklavungssystem am Laufen zu halten. Pfui. Wir verarschen uns doch nur selbst mit dem Glück-haben neuer Besitztümer. Vom eigentlichen GlücklICH-SEIN haben wir uns dadurch weit distanziert. „Glücklichsein" ist aber ein uns inhärenter Zustand, sozusagen unser Geburtsrecht. Die Massenverdummungserziehung von Staat und Kirche durch Angst, lähmt Otto Normalverbraucher aber dermaßen, dass er schön dem Herdentrieb folgend seine eigene Vernunft, sein Selber-Denken schon als etwas Schlechtes ansieht und keinen Gebrauch von der menschlich-göttlichen Intelligenz mehr macht.

Tja, armes Deutschland. Aus dem Land der Denker und DICHter sind recht viele Idioten geworden. Diese Unwissenden Moralapostel lenken dann auch noch die Geschicke der Nation. Und wieder Pfui.

Gott hat uns das Leben GESCHENKT, doch wir glauben, wir müssen für alles arbeiten und bezahlen.

Wie doof sind wir eigentlich? Wie lange noch, bis wir endlich mal aufwachen?

Wann wird das GEISTIGE MenSchSEin vom Einzelnen wiederentdeckt?

Kritik, Be -oder aber Verurteilung liege mir fern. Und doch sind's Hinweise auf Missstände und zum Teil oder besser geschieht's *in unseren Köpfen. Wir glauben und genau dieser Glaube ist ein zweischneidiges Schwert. Also, hinterfrage auch deinen Glauben.*

Weißt du wirklich oder glaubst du nur, z.B. an eine flache, runde oder hohle Erde, Geozentrisch, Heliozentrisch? Schon mal mit eigenen Augen gesehen oder glaubst du's nur weil's irgendwie logisch erscheint? Wo sind all diese selbstgezimmerten Weltbilder wenn du schläft? Wo ist Freude und Leid im Tiefschlaf, wo die Angst, der Frust, die Wut aber auch die Lust, der Mut?

Die VerEINigung, das Zusammenfügen von Gegensätzen, also die Synthese von Polaritäten schafft das NEUE. Dieses Neue bIST DU SELBST. Die Synthese aller Synthesen IST DAS, was man als GOTT bezeichnet, unvorstellbar und doch die einzige Realität. Das was vor dem sogenannten Big Bang IST IST's.

Dieses Werk hat sozusagen seine eigene Logik und nicht diejenige, welche uns anerzogen worden ist. Es zieht sich eine Art „roter Faden" durch diese Zeilen und für den echt interessierten Leser sogar zwischen den Zeilen.
Ohne irgendwelche Einteilungen ist's doch wie im richtigen Leben, voller Über-

raschungen, denn beim Lesen verlierst du das Gesamte, welches ja zweifellos Hier und Jetzt auf einmal vorhanden ist. Du kreierst diese Worte in deinem Geist, du machst dir Bilder, Gefühle, Empfindungen, tust Werten und Urteilen, aber das ist völlig in Ordnung so. Betrachte einfach dieses innere Schauspiel ohne es verändern zu wollen, ohne es anders zu wollen, also sei dein eigener Zeuge, dein eigener Beobachter. Das Lernen einer Gleichwertigkeit, einer Egalität oder der aktiven Passivität ist nun angesagt, denn es geht wie schon des öfteren erwähnt im wahrsten Sinne des Wortes um das SelbstVerständlICHe. Diese Selbstver-ständlICHkeit ist zuerst ja überhaupt nicht logisch, sondern recht ungewohnt. Wir verlassen eben den breiten Weg der Masse und begeben uns auf den Pfad ins eigene Innere richtiger Geisteswissenschaft.

So ganz und gar bloß auf uns selbst gestellt, ohne Apparate, ohne Präparate, ohne rICHtige Anweisungen, einfach nur durch's Verstehen Unserer Selbst. Wir wollen SELBST wissen was die Grundlagen von Existenz sind. Denn zu Existieren heißt aus Irgendwas (her)auszutreten.

Existenz ist also inhärent im SEIN und ein Teil vom SelbstBewusstSein. Bewusstsein ist schon existent, jedoch an sICH Nichts, wenn es nix gibt wessen wir uns denn bewusst sind. Wenn Bewusstsein sICH Seiner Selbst bewusst IST, so nenne ich's Selbst-Bewusst-Sein. Wie du siehst, hat dies nicht allzu viel mit dem psychologischen Ego-Trip zu tun. Psychologie bedeutet zu Deutsch Seelen-kunde oder auch Seelenwort, gemeint IST unser eigenes UnsterblICHkeitsprinzip.

Wiedergeburt, Reinkarnation hat im Wortsinne was mit wieder Verfleischlichung, also mit Körperschaft zu tun, während Auferstehung sICH mit der eigenen Vergeistigung der Seele befasst.

Direkte Erkenntnis, unmittelbare Selbst-erkenntnis setzt natürlich unsere wirklichen Sinneswahrnehmungen voraus. D.h. Realität, Tatsachen, WirlICHkeit im Hier und Jetzt durch unsere Sinne überprüfbar wahrnehmen, nicht durch einen Glauben verunstalten.

Die einzige Autorität bIST nunmal DUSELBST und das auf allen Gebieten.

Wir wurden alle nur zum GLAUBEN erzogen, aber nur du SELBST kannst dICH zu wahrem Wissen erziehen. Und nur in diesem Sinne meine ich, glaube nix, finde es selber raus, frage, frage und frage immer wieder ob das denn auch wirklich stimmt, oder bloß GlaubensgeschICHten von anderen sind. Sogar unsere angeblich bewiesene Natur-wissenschaft ist ein einziges geglaubtes und materialistisches Dogma.

Ökonomisches Wachstum ist in unserer Gesellschaft die geschürte Mentalität. Nachrichten rechnen mittlerweile hier zu Lande alle Geschehnisse nur noch in € um. Der Massengläubige vergewaltigt sich dabei selbst, ohne dies jedoch zu bemerken. Auf keinen Fall auffallen, den Ball flach halten, bloß nichts Verrücktes tun und immer schön normal bleiben ist die Devise.

Willkommen im selbstfabrizierten Gefängnis der Herdenmentalität.

Oh, glaubst du etwa ich übe damit wieder Kritik?

Mitnichten, denn schau doch mal in den Spiegel und frage nach dEINem Lebenssinn.

Die heilige Kirche, die bewiesene Naturwissenschaft sowie den manipulativen Staatsapparat darf nämlich niemand infrage stellen.

Wagst du es doch weil du durchblickst, haste für viele deiner ach so guten Freunde, Bekannten wie Verwandten erst einmal die Arschkarte gezogen und wirst wahrscheinlich sogar diskreditiert.

Aber nichtsdestotrotz bleiben wir uns selbst treu in der Infragestellung von Allem.

Ja Scheiße, was soll ich denn bloß machen?

Nun, nach Außen nix, sICH aber innerlich dem Opus Magnum, also dem großen Werk der Selbsterkenntnis widmen und das, mit allen einem zur Verfügung stehenden eigenen heiligen GeistesMitteln.

Dein heiliger Geist ist schon immer EIN ganzer GeIST, denn Heil und heilig meint Ganz, Komplett, Total. die Verbindung von Polarität wird da einfach realisiert.

Wie komme ich als Autor nun dazu über Gott und die Welt zu schreiben, warum's Thema Bewusstsein, Erleuchtung usw.?

Nun, eine mögliche Antwort wäre, dass siCH dieser Gott, Geist durch mICH selbst erfährt. Ich für meinen Teil, d.h. meine Person, Persönlichkeit, habe keine Chance dies nicht zu schreiben, genauso wenig wie du lieber Leser, die Zeilen nicht rein zufällig zu GesICHt bekommst. Es heißet doch dass Gottes Wege unergründlich seien, also „Hab Vertrauen" und ein ruhiges Gewissen. Lebensvertrauen oder Gottvertrauen IST DasSelbe wie Selbst-vertrauen. Diese Schöpfung ist wunderbar Perfekt, nur wir wollen's immer anders. Gib das mal für ne Weile auf und achte drauf was du dann wirklich empfindest. Du ahnst doch dass da noch mehr ist als du bisweilen zu kennen geglaubt hast.

Uns wurde eingetrichtert, dass das Leben, sprich Existenz ein Überlebenskampf sei, und so verhalten wir uns auch. Ich, mir, mich, meins ist der ungehörte aber doch ver-wirklichte Schlachtruf im Alltagsgeschehen.

Macht, Erfolg, Geld, Status - das Haben steht im Vordergrund und immer mehr Haben.

Dabei ist Überleben unser Geburtsrecht, unsere wahre Natur und zwar auf immer und ewig, ohne Anfang, ohne Ende, halt ein Kontinuum im Sinne des Wortes.

Probier's mal wirklich mit diesem „Dein Wille Geschehe" und gib deinen vertrauensvoll auf. Aber pass auf, dass du kein Geschäfts-Wenn-Dann an den Tag legst. Ehrlichkeit ist hier Hauptsache und kein Kuh -bzw. Tausch-handel. Man sagt, so eine Denke kommt von Herzen, und man (Frau wie immer auch) hat damit vollkommen Recht. Die Synthese aus Kopf und Herz bIST nämlich immer DU SELBST und dir kann nICHts passieren, nie und nimmer.

Wahrer Glaube ist dieses Ur-Vertrauen, dieser Glaube, das sICH auf Gott verlassen, die ZuversICHT, dass bereits JETZT Alles so für dICH „in Ordnung" IST und zwar so wie's SEIN soll.

Wow, damit tun wir uns noch so richtig schwer.

Lebe diesen Tag, mach dir keine Sorgen ums Morgen, denn wenn's dann mal tatsächlich morgen IST, IST's JETZT. Das gesagte impliziert eine komplett andere Denke bzw. ein Umdenken sowie ein Umsetzen bzw. Handeln, oder ums mit nem weisen Buch, der Bibel auszudrücken, in Gedanken, Worten und Werken.

8samkeit als neuer Geschäftstrend, also ob8, obgleich mit der Selbstbetr8ung, also mit der 8 eine bzw. die neue Oktave beginnt. Es vermarktet sich halt recht gut für Suchende, denn die sind immer wieder eine leichte Beute für Pseudo-Lehrer & Co. Achtsam kannst nämlich immer nur du selbst SEIN. Die „halben Narren" auf den Semi-Nar(r)e(n) wollen ja auch bloß dein Bestes, genau wie Kirche und Staat, und das ist nunmal dein Geld, dein T€uro, denn man hat dir beigebracht für alles zu bezahlen. Allein kannst du nix.
Und sogar der Tod kostest dICH angeblich das Leben, Haha. Alles bloß materialistische €go-Strategien die mit Hilfe der dir bei-gebrachten Angst recht wirksam erscheinen und doch zu guter letzt durchs eigene Hinterfragen als Illusion entlarvt werden können.

Bist du ein geistig-göttliches Wesen, d.h. ein vollwertiger Mensch in Gottes Ebenbild oder ein evolutions.theoretischer Mensch-Affe?
Die Qual der Wahl hast nur du allein!

Und wieder ist dies keine Kritik, sondern eine Feststellung durch eigenes Beobachten.

Das Wissen um sICH SELBST scheint einen megaschwierigen Akt darzustellen, und doch ist dieser Akt des Verstehens ein rein geistiger. Zu allen JETZT ausgedachten Zeiten waren alle JETZT ausgedachten Weisen immer nur auf dem eigenen EGOTTtrip, und das ist absolut nichts Negatives. Eine angeblich wissenschaftliche Neuro-Psychologie, die Bewusstsein in irgendeinem Gehirn lokalisiert befindet sich sowas von auf dem Holzweg, dass sie ihren   Balken im eigenen dogmatisch-blind-glaubenden Auge leider selbst nicht erkennt, dafür aber Postulate wie Axiome in die Welt setzt, die unmöglich einer tatsächlichen Überprüfung standhalten.

DU SELBST bIST jener Überprüfer der TatsächlICHkeiten, welcher nicht alles glauben muß was er als Information vorgesetzt bekommt. Falls du das Fragen schon aufgegeben haben solltest, bist du auch bloß so'n geistloser Zombie in seiner materiellen Welt ohne jeglichen Sinn und Zweck, ohne Wunder, ja ohne EINen (E)Gott. Und ich hoffe, dICH hiermit in keinster Weise irgendwie beleidigt zu haben, denn das liegt mir fern.

Kein Bestseller, kein Profit, keine Gewinnsucht steckt hinter diesem Geschriebenen, sondern lediglich ein Mitteilen im wahrsten Wortsinne. Nur für den „sICH Selbst Suchenden, für den wahren Adepten, Philosoph und Wissenschaftler" ist's verfasst.

Und verfasst sind noch eine ganze Menge anderer Werke wie z.B. die Bibel, die Tora, der Koran, die Veden und Upanishaden, ein Moksopaya bzw. Yoga-Vasistha, das Tao Te King, die Bhagavad Gita, mystische, alchemistische, kabbalistische wie auch magische Schriften und viele andere mehr, die sämtlich dieselbe Thematik behandeln, nämlICH dICH SELBST.

Lesen hilft da vielleicht zum besseren Verstehen. Und trotzdem IST ALLes Wissen schon immer in dEINem eigenen Bewusstsein.

Synchronizität, Gleichzeitigkeit ist ergo ein anderes Wort für JETZT.

Zeit ist nicht etwa das Gegenteil von Ewigkeit, denn das Ewige hat kein Gegenteil, während das ZeitlICHe sozusagen Teilaspekte des Ewigen sind und somit Zeit an sICH manifestierte UnvergänlICHkeit darstellt. Mit dem Raum IST's genau Dasselbe und im Wort „ZeiTRaum" ist sein verborgener Sinn doch recht offensICHtlICH.

So sind wir GeIST TRäumend und zwar des Nachts wie auch des Tages. Nur halten wir Eines für reeller als das Andere.

Eine rechte (Selbst)Untersuchung zeigt jedoch andere Fakten, wozu Hier und Jetzt natürlich herzllCHst eingeladen IST.

Die eigene Logik, den eigenen Horizont erweitern, und zwar mit eigenwahrnehmbaren wirklich wahren Tatsachen, anstatt bloß auswendig gelerntem Pseudo-Geglaubtem von ausgedachten Anderen, wer immer auch diese seien mögen, inklusive mir hier.

Ein Jeder hat von seinem Standpunkt, von seiner Sichtweise, von seiner persönlichen Logik erst einmal Recht, und alle bzw. sämtliche Standpunkte oder Logiken zusammen IST Gottes-Recht und noch viel mehr. Die Gesamtheit ist viel größer als die Summe aller ihrer Teile.

Echtes WISSEN ist weit mehr als „Nach-Richten oder Millionär werden, mehr als Sport, Wirtschaft, Natur-Wissenschaft, Kirche, Staat und Konsorten", welche leider immer nur Nach-Äffen, Nachäffen von auswendig gelerntem Unwissen.
Aber auch hier wieder, keine Be -oder Verurteilungen, denn sonst wäre es nicht so wie's IST.

Der Zweck heiligt die Mittel! Kennen wir doch alle diesen Spruch, ist er aber auch richtig verstanden? Denn wenn er stimmt, ist dein

Körper mit seinen Sinnesorganen heilig, ist deine Psyche mit ihrem Denk -und Fühl-vermögen heilig und eh Heil IST dein Heiliger Geist, denn der schließt ausnahmslos ALLES EIN. Dieser Geist der du Selbst bIST ist wie das Meer (Alles Leben entspringt dem Meer). Wasser inklusive Wellen und sogar Eisberge. Obgleich's den Anschein von Unter-schied-lICHkeit hat ist Alles Wasser. Schmilzt der Eisberg bzw. löst er sich auf, könnte er meinen er stirbt, aber er wird zu Mehr, er wird Meer, denn das IST er immer schon. Die Welle meint vielleicht das sie stirbt wenn sie abebbt oder als Gischt gepeitscht sich dem Anschein der Lösung vom Wasser hingibt, das es doch schon immer SELBST IST. Es gibt nur Wasser, egal ob's als Meer, See(le) oder Ozean bezeichnet wird, die Metapher ist gleich.

So gibt es auch keine wirklich chronologische Zeit, sondern nur Gleichzeitigkeit wofür Berg und Tal ein anderes Gleichnis sind, denn Eins ohne's Andere ist nICHt.

Leute als auch Institutionen die wollen, dass du denen nur glaubst, haben meist keine Ahnung. „Herr vergib ihnen, denn sie Wissen nicht…", wissen nicht ums NICHTS, um Bewusstsein, um Gott bzw. um sICH SELBST. Und genau diese Personen und Einrichtungen dienen weder dir, sprich dem Einzelnen noch der Allgemeinheit, sondern ausschließlich sich *selbst. Davon gibt's eine ganze Menge, die dich regelrecht nach Strich und Faden verarschen nur der Kohle, einer vermeintlichen Macht sowie eines schein-heiliges Status wegen. Das alles braucht man sowenig wie'n Kropf oder 'n Geschwür am Allerwertesten. Ohne Tadeln, Nörgeleien oder irgendwelche Beanstandungen sind auch diese Sachen gemeint, also fühl dICH persönlich bitte nicht betroffen. Im Bewusstsein dass Gott sozusagen keine Fehler in seiner Schöpfung macht, ist das was IST mir eigentlICH gleichgültig, gleichwertig (und dann doch auch nicht:-)*

*Cest la vie, das ist Leben live, mit Allem dabei bzw. Alles inklusive. Der eigene 5***** Sterne Urlaub auf Mutter Erde, denn wir sind doch sozusagen alle im selben Boot, unserem Planetenraumschiff Gaia.*

So kann ICH mICH fast nur durch Kontradiktionen wörtlich ausdrücken, da Wahrheit einfach nur wahr IST, mit oder ohne Worte. Und noch einmal, ich als Autor bin sozusagen nur der Mittelsmann, das Werkzeug ein und desselben Geistes welcher hier am Lesen IST. Es gibt nur EINen EGOTT, ein ICH, ein SELBST welches in verschiedenen Kulturen eben anders genannt wird und doch als Diversität ALL1IST. Die absolute Wahrheit IST, dass du die absolute Wahrheit bIST.

LIEBE IST ein anderes Wort für diese Wahrheit, allerdings ist's mit Wissen verbunden bzw. Eins.

Philosophie als geistige SELBSTerkenntnis, Religion als Rückverbindung mit GOTT und Wissenschaft als BEWUSSTSEINspraxis IST der Weg und das Ziel für die Hinterfragenden. Das Relative ist nicht Alles, nur das Absolute ist Alles - das Absolute ist relativ! Verstanden? Wenn Ja, gut, wenn Nein auch gut, denn das GUTe hat hier auch kein Gegenteil, so wie Platons Schöne und Wahre. Deswegen kommt richtiges Philosofühlen auch ohne ein Nachplappern von JETZT erdachten, klassischen Philosophen aus, seien dies antike Griechen oder aber aus unseren Landen der Denker und DICHter.

Denker und Dichter; ob du Dichten kannst, dass weiß ich nicht, aber wohl, dass du der nicht gedachte Denker bist, so wie das Erkennende selbst unerkannt ist. Die Sache mit dem Bewusstsein ist very tricky, weshalb die Naturwissenschaft es bis Dato schön vermeidet sich mit Bewusstsein oder Gott zu befassen. Dabei ist dieses Thema doch wahrlich jeder (Selbst)Untersuchung wert, denn das ist wirklich Wissenschaft, also das was Wissen schafft. Know thyself, wisse um dICH Selbst, dazu bist du schließlich Jetzt lesend Hier.

Apathie, also „nicht leidend" im Gegensatz zu den falsch verstanden und falsch benutzten wie interpretierten Begriffen wie Sympathie (Mitleidig) oder gar Empathie (Selbstleidig), hat im wahrsten Wortsinn nämlich nichts von einer Negativität an sich, sondern hat eng mit Stoisch zu tun, was gleichgültig heißt.

SchließlICH geht's um Glückseligkeit, und zwar um die EIgeNe.

So wird der Sprache wahrer und wirklicher Sinn und Zweck total verkannt. Wir babbeln dann bloß BS (Bullshit) und haben sehr viel Misskommunikation.

Energie, Wind und Wetter kann man nicht sehen und doch an ihren Wirken erkennen. Wir sehen, was wir sehen wollen, das nennt man auch Glauben. In meiner Fühlosophie SPÜRT man jedoch ne ganze Menge, eben weil man von nix verschieden bzw. von nichts getrennt IST. Merken, Spüren ist hier gleich Wissen.

Vorstellungen, Bilder hat jeder irgendwie, dass diese allerdings einer letztendlichen Wahrheit entsprechen steht auf einer anderen Seite. Imagination wie die unseres Plan-eten, plan heißt ja auch eben, als Kugel, als Scheibe oder als Hohlwelt ist immer nur im Bewusstsein dessen, der sich das ausdenkt, dito mit Drache, Einhorn, Phönix, Engel, Teufel, Quarks & Co.

Tatsache IST, du hast sowas noch nie selbst gesehen, d.h. mit eigenen Augen, oder? Und das gilt fürs Meiste was man uns beigebracht hat. Deshalb ist's Infragestellen von Allem, auch von sICH selbst so immens wICHtig. Für dICH bIST du nämlICH deine eigene Autorität und sonst Niemand, oder anders gesagt, nur dEINE eigene Erfahrung zählt!

Leben, Existieren heißt nicht umsonst ERFAHREN!

Ich weiß, dass sich meine Worte oft zu widersprechen scheinen wie z.B. der oder das Glauben. Wenn ich schreibe, Glaube heißt nicht Wissen, oder aber dein Glaube macht's, ist mit dem zweiten Glaube dieses Ur-vertrauen, Gottvertrauen, Selbstvertrauen oder Lebensvertrauen gemeint, was ein anderer Ausdruck für gelebte Liebe IST und nicht das erstere blinde Glauben, welcher von Kirche, Staat oder sonstigen Pseudovereinen gepredigt bzw. verlangt wird.

Ersterer Glaube ist kein eigenständiges Selbstdenken, sondern bloß das Fürwahr-halten anderer Meinungen bzw. Glaubens-inhalten, welche man als logisch ansieht und sie ungefragt akzeptiert. In diesem Sinn enthält jedes Wort bereits sein Gegenteil, wie unsere Autobatterie des Plus -als auch des Minuspols bedarf um zu funktionieren. Kein gesunder Geist würde auf die Idee kommen einen dieser scheinbar doch Widersprüchlichkeiten nicht zu brauchen. Die Batterie ist die Verbindung von Beiden als EINS, EINe Batterie eben. Aber wir wollen nur Gesund, kein Krank, wollen nur Sonne, kein Regen, wollen immer in Bewegung sein, keine richtige Ruhe und übersehen dabei das Funda-MENTALe, dass es Eins ohne's Andere garnicht geben kann, simpel nicht existent wäre.

Und doch gibt es ETWAS, das ich hier mit E GOTT oder dem SELBST bezeichne, wo immer schon beide Polaritäten EINS sind. GEIST ist's.
Mit EINS meine ich nicht nur die Ver-bundenheit, sondern echtes, wirklich wahres ALL1SEIN. Und DU, Amigo mio, bIST DAS!
DAS steht auch, wie in meiner ersten Lektüre mit dem Titel „DAS BUCH ICH" - Eine kleine Geschichte über Alles, für „D"as „A"bsolut „S"ubjektive. Nie und nimmer kann dieses auf irgendeine Art und Weise objektiviert werden und doch IST's WISSBAR. Hier fängt für mICH also richtige Wissenschaft an, eine Wissenschaft von mir SELBST, inklusive Ich und die Welt und was es sonst noch so geben könnte.

Seit der ersten Schwarte sind schon ein paar erdachte Jahre verstrICHen, deswegen hier sozusagen eine Zusammenfassung sämtlicher Werke als ESSENZ.

Das Interesse an echter, keiner Newage, „SPIRITUALITÄT" ist schon seit fast meiner Kindheit da. Damals (JETZT denke ich dran) schwor ich mir selbst um Gott zu wissen.

Geboren im Zeichen des Affen, zu welchem ich mich ja doch ab und zu selbst noch mache, kam ich immer mal wieder von diesem Vorhaben ab. Retrospektiv jedoch, verstehe ich dies als mein ganz persönlichen Weg, mein eigenes Lebensabenteuer der Selbst-erkenntnis.

Im „AHA" der wirklichen Wahrheit erlebe ich HIER und HEUT Philosophie & Lebenskunst als meine individuelle Ausgabe dessen, was man als Bewusstsein bezeichnen möge. Selten kommt das Wort Erleuchtung über meine Lippen, denn es gibt keinen Pfad dahin. Man, ja DU, kannst nicht zu dem Werden, Was DU eh schon immer BIST.

Unser innerer als auch äußerlicher Kosmos mündet im Universum, welches wir schluß-endlich selber sind.

Die ultimative Wahrheit dEINer SELBST ist letztendlich ohne Worte aber gleichzeitig mit allen Wörtern, sie ist die Synthese der Synthesen, Chaos (Leere) plus Kosmos (Fülle) und verkörpert sICH Selbst z.Z. in, mit sowie durch dICH.

Alles ist OK, ist In Vollkommener Ordnung als das was es IST.

Du auch!!!

DAS was IST ist sehr neutral, du hast die Macht Daraus zu Machen was du drüber Denkst, wie du drüber Fühlst und was du Tust. Du bIST ein GOTT in dEINer Welt, WISSE also UM DICH SELBST.

ZeiTRäume und TRaumzeiten, doch was oder wer ist dieser Träumer des Tages sowie der Nacht?

Raum und Zeit als Kontinuum, - kannste dir Raum vorstellen, nur Raum ohne irgendwelche Objekte, leerer Raum an sich? Dito mit Zeit an sich?

Kannste dir EINheit vorstellen bzw. denken? Dito mit ALLheit?

Kannste dir dich denken oder bist du selbst vielleicht schon ein Gedanke? Wer oder Was stellt sICH solche Fragen überhaupt?

Nun, ich, denn ich will WISSEN Was und Wer ICH BIN, obgleich ICH doch immer BIN und mir dessen bewusst SEIN kann.

Körper, Seele, Geist, wovon die letzten beiden oft austauschbar sind. Der Körper gehört der Vergänglichkeit an, während Seele ein Unsterblichkeitsprinzip darstellt. Geist hier bei mir stellt dann die Synthese dieser zwei Polaritäten dar. Letztendlich aber sind dies nur Begriffsbestimmungen, welche Jeder nur für sich selbst schlüssig zu erklären vermag. Egal ob man den Geist als das Absolute sieht oder aber die Seele als ewig, ist relativ egal.

Die Begriffsbestimmungen von Seele und Geist bleiben also dir selbst überlassen, doch das Wissen, unabhängig einer Benennung ist deine Erfahrung davon. Es ist wie mit'm TAO, dass was du drüber sagen kannst ist es nicht.

Quanten & Co hat auch noch niemand zu Gesicht bekommen, denn es sind Gedankenexperimente per se, welche mathematisch begründet bzw. berechnet werden. In sich mit oft widersprüchlichen Theorien behaftet wie Überlichtgeschwindigkeit, Wellen -und Teilchenphänomene und dergleichen mehr. Die Elementarteilchenverschränkung ist ein gutes Beispiel für diese Mind -bzw. Gedankenvorstellungen. Dabei geht's angeblich um die Verbundenheit zweier Ele-„mental"-teilchen, welche den gleichen Spin, sprich Drehrichtung annehmen, auch wenn an gegensätzlichen Enden des Universums platziert. Nun Ja, wer war da schon selbst mal, bis auf im eigenen Geist? Und man glaubt daran, obgleich doch nur Hirngespinste, ausgedachte Fantasie. Man verkauft uns eine ganze Menge an Pseudo-Wissenschaft welche dem Kirchencredo des blinden Glaubens in Keinerlei nachsteht.

Die Crux aber ist, dass wenn man die Logik nachvollzieht, einem dieser Standpunkt bzw. diese Theorie durchaus als richtig und sinnvoll erscheint. Cern ist ein gutes Beispiel für diese

Theorien. Milliarden werden verbraten der menschlichen Fantasy wegen, denn rausgekommen ist bis Dato Null, Nix, Nada.

Man achte da mal auf die Sprache, Ele"menta(l)r"teilchen sind was der Name schon intus hat, „Mental-vorstellungen" in Kopf. Eine Arithmetik bzw. Mathematik wird diesen Vorstellungen dann so angepasst, das es einen vermeintlichen Sinn ergibt.

Es ist wie Geld, es hat an sich überhaupt keinen Wert, nur unser Glaube dran macht daraus eine andere Wirklichkeit. Abhängigkeit wird gemacht, ist nicht natürlich. Und so sind wir zu Money-Junkies geworden, dem Erfolg, einem imaginären Wirtschaftswachstum und sind zu äußeren Glücks -und Geldsüchtigen mutiert, ohne das ganze System mal infrage zu stellen und anfangen sich selbst Gedanken zu machen.

Lieber 'nen Status quo erhalten als intelligente Fragen zu stellen mit einer Neugierde zum Neuen. Selbst Nachforschen ist für die meisten eben außerhalb ihrer eigenen Autorität und so ist's dann Leben nur ein anderer Murmeltiertag.

Wage es bloß nicht diese pseudowissenschaftlichen Thesen angeblicher Autoritäten infrage zu stellen, denn du wirst belächelt, diffamiert oder gar als Verschwörungstheoretiker abgestempelt. Deswegen dieses

Wage, Wisse und Schweige, denn echte Esoterik, also ICH-Wissenschaft ist (noch) nicht akzeptiert, ja weder respektiert noch toleriert. Wo kämen wir denn da hin, wenn die Masse durchblicken würde? Nun, vielleicht ins Paradies?!!!

Und immer noch oder aber auch immer wieder soll's nicht um Verurteilungen bzw. Negativbewertungen gehen, sondern nur eine sich selbst sehr oft widersprechende, dogmatisch dargebracht und angeblich bewiesene Experimentalkunde zu beleuchten. Nicht alles ist verkehrt mit unserer naturwissenschaftlichen Episteme, doch sollte man auch hier Fakt von Fiktion zu unterscheiden wissen, sonst landet man im Bereich Science-Fiktion. Richtige Wissenschaft kann erst betrieben werden, wenn man weiß was Wirklichkeit und Wahrheit IST.

So scheinen wir Bürger zweier Welten zu sein, einer geistigen und gleichzeitig einer materiellen, welche allerdings bei genauerer Untersuchung nicht voneinander getrennt sind.
Das Verbindungsglied beider bIST DU, d.h. du bist diese schon soviel erwähnte Synthese, ja sogar das Primäre Nonplusultra selbst.
Du bIST sowohl der Träumer als auch sEIN Traum, halt das EINE.

Ungeteiltheit ist dEine Natur, eine NatUr, also eine Erstgeborenheit, die dICH und die Welt synchron in Erscheinung treten läßt. Mythen, Sagen, Märchen haben meist einen hohen Wahrheitsgehalt, denn sie drücken metaphorisch, als Gleichnis bzw. Parabel das EigentlICHe in wundervoller Art und Weise aus. Es braucht eine freie intuitive Wahrnehmung um deren Sinngehalt voll zu erfassen und zu begreifen. Ab und an treffen wir auf identische Bedeutungen in unseren Sprichwörtern, wenn wir sie etwas genauer unter unsere geistige Lupe nehmen. Der Inhalt gleicht derer in tiefreligiösen Texten aller bekannten Weltreligionen, wobei das Augenmerk stets auf die LIEBE gerichtet IST. Lesen wir mit der Intension des Verstehens solche Schriften, tun sich durch Buchstaben, Worte, wie Sätze ganze Welten vor und in uns auf. Man (Frau wieder auch) wird inspiriert und erahnt, dass es sich bei diesen Inhalten um seine eigene Geistesfunktionen handelt. Es sieht so aus, als gäbe es eine Art Machtkampf von Gut und Böse, in welchem am Schluß immer aber das Gute gewinnt bzw. sich durchsetzt.

Im richtigen Leben aber IST die Versöhnung der beiden Gegensätze als ein Synthetisieren angesagt, halt die Frucht der Erkenntnis von Gut UND Böse.

Menschwerdung bedingt schon ein latentes Menschsein im Sinne vom Gottes Ebenbild, und obwohl wir's schon immer sind, müssen wir's doch erst WERDEN. Das IST Bewusstwerdung zum Bewusstsein, respektive also SelbstBewusstSein.

Nun, es gibt viele Theorien wie Konzepte zur Selbsterkenntnis, aber letztendlich nur EINE PRAXIS, nämlich DEINE EIGENE des Verstehens. Es ist deine Erkenntnis über's eigene Selbst. Und hier, wie auch vorhin beim Geist und der Seele, ist relativ egal ob du das SELBST, GOTT oder ICH nennst.

Dieses direkte Wahrnehmen hat nicht viel mit Nomen est Omen zu tun, sondern ist das unbeschreibliche GEFÜHL wirklichen Wissens und zur selben Zeit stimmt da auch der Spruch „Ich weiß dass ich nichts weiß". Du MENSch, gemacht wie GOTT bIST das Wertvollste was es gibt, nämlich selbst Göttlich, und als selber ein Gott kann dir niemals etwas passieren. Geist, Seele ist unsterblich weil ungeboren, ewig weil zeitlos und doch die Zeit selbst, unendlich weil raumlos und doch der (T)Raum selbst. Du bist der Träumer aller Träume und die hören nie auf. Also, keine Angst vor Konsequenzen.
Du als Geist bist absolut Perfekt, und eigentlich IST ALLES PERFEKTION.

Als Geist-Mensch hast du einen freien Willen, als Person bzw. Menschenaffe jedoch, bist du weit weg davon. Du wirst verstehen was gemeint ist, wenn du die Persona transzendierst. Deine Persönlichkeit ist schon lange, seit Äonen etwas Ausgedachtes und eine Art mechanisches Reaktionsvermögen.

Die Persona ist wie ein programmierter Roboter, ohne Entscheidungsvermögen, ohne freien Willen, und so kannst du diese Maske ruhig loslassen um dich deiner Selbst zu widmen. Das Selbst denkt sich diese Schöpfung für sich selbst in sich aus. Es scheint wie der verlorene Sohn der auszog aber in Wirklichkeit seines Vaters Haus nie verlassen hat.

Und noch ein anderer biblischer Vers wird nun vielleicht verstanden, nämlich dass die Vögel Nester haben, der Fuchs seinen Bau, doch der MENSCHenSohn keinen Platz um sein Haupt zu betten. Wie soll er auch, das SELBST, GOTT etc. kennt nICHts anderes als sICH Selbst, IST ALLes und doch NIX, ohne Lokus sowie ohne Tempus.

EG0tt erschafft bzw. kreiert immer und immer wieder neue Traumszenarios ad infinitum, denn das ist sozusagen sein (dein) Job um sICH Selbst im eigenen Inneren in Existenz zu bringen. Der Ausstieg aus dem Lebensrad bzw. ein temporäres Satori oder ein Samadhi ändert nix an dieser Tatsache. Auch ein

Kurzbesuch auf Wolke 7 oder ein Gipfelerlebnis aufm Berg Meru geht nämlich mal zu Ende und neue ZeiTRäume kommen und gehen. Diese gleichgültig als gleichwertig anzunehmen, sprich zu LIEBEN ist die Aufgabe. Diese unbedingte, d.h. bedingungslose Liebe hat wenig mit dem populären Verliebtsein zu tun und ist trotzdem auch nicht getrennt von diesem. Die Kontradiktion könnte man ebenfalls mit der Gleichsetzung vom Unpersönlichen und Persönlichem beschreiben.

EG0tt an sich kann weder gedacht noch vorgestellt werden, nur gewusst. Geist an sICH IST Nix und doch das ALLes was IST gleichzeitig. Die Widersprüche heben sich selbst im Höheren auf. Beispiele sind z.B. LEBEN, Leben IST weder mir noch dir und doch sowohl als auch mir wie dir, aber Leben an sich ist recht unpersönlich. Anders mit unseren Körpern sowie der eigenen Denke, die gehören mir und deine ist wohl recht unterschiedlich zu meiner. Diese Polarität von ich - mir - mich - meins und du - dir - dich - deines hebt sich im Leben eben auf. Leben ist weit mehr, weit größer als ich und du uns vorstellen oder denken können. Dito mit Bewusstsein, mit BEWUSSTSEIN an sICH.
Du und ich scheinen getrennt voneinander, sozusagen sind die Äußerlichkeiten verschieden.

Trotzdem bin ich selbst in meinem Bewusstsein, ja sogar mein Kopf, mein Herz, mein Denken, mein Fühlen, meine Inspirationen, sowie meine Intuition, ALL DAS, wie halt auch meine gesamte Welt IST im Bewusstsein, sprich im eigenen, Heiligen Geist.

Verstehen ist alles, und Verstehen ist selbstverständlICH. So kommen wir immer und immer wieder zur Konklusion, dass Alles was es gibt im Bewusstsein IST und dieses BewusstSein, also das Erkennende selbst unerkannt bleibt, da es DAS IST was IST, nämlich wir selbst. Deshalb kannst du dich nun geistig etwas relaxen, zurücklehnen, denn was IST, IST, denn sonst wäre es nicht bzw. anders.

Das naturwissenschaftliche Dogma sagt, dass Bewusstsein im Hirn entsteht, vergisst allerdings, dass das Hirn im und durchs Bewusstsein erst wahrgenommen werden kann. Es ist also genau umgekehrt wie man versucht uns beizubringen. Die sogenannte Neurowissenschaft, sprich Gehirnforschung, kümmert sich sozusagen um Materie, aber nicht Wirklich um den Geist in welchem diese erst entsteht, ja im Bewusstsein erst entstehen kann. Geist, EG0tt ist allerdings DAS, was vor jeglicher Wahrnehmung IST, ist sozusagen bevor dem Big Bang, denn unser Nazarener sagt; bevor Abraham war BIN ICH. Und recht hat er damit. Ohne mICH ist Nix, noch nicht einmal das Wort Nix, denn auch das ist schon ein (innerer oder äußerer) Laut und somit ein „Etwas".

Wahre NATURWISSENSCHAFT ist nicht schlecht, sie bezieht sich nur immer auf Objekte und vernachlässigt die andere Hälfte, die der Subjektivität, ist sehr materialistisch geprägt sowie recht geldabhängig, sprich meist geschäftlich unterwegs. Ähnlichkeiten mit unserer Schulmedizin sind da nicht rein zufällig. Wir leben um zu Arbeiten und Arbeiten leider nicht mehr um zu Leben. Angst regiert uns, Angst vor Veränderung, Angst nicht genug Geld zu haben, Angst vorm Tod, vor Ungewissheit. Angst ist Gedanke auf eine Zukunft projiziert, welcher Gefühle schafft. Und unser Körper reagiert prompt drauf. Befinden wir uns einmal in diesem Teufelskreis erscheint's recht schwierig diese eigene Negativdenke zu verlassen, sICH des Hier und Jetzt bewusst zu werden bzw. einfach zu SEIN.

La Conditio Sine Qua Non - bIST Du natürlich selbst, denn ohne dICH gibt's nix, denn auch das NICHTS enthält dein ICH. Buchstaben, Sprache, Worte und Zahlen finden wir überall wenn wir nur mal drauf achten. Es fängt früh mit'm Aufwachen an und geht den ganzen lieben langen Tag als innere Stimme im Kopf. Da ist kein Knopf zum Abstellen, kein Hebel zum Rumdrehen, kein Pausenschalter, nix Chronologisches sondern eine Art von selbstständigem Mechanismus, immer auf Play stehend.

Meditation als Geistige Ruhe hilft uns sICH dessen erst einmal bewusst zu werden. Medi ist auch bloß Mittel zum Zweck des Verstehens, einige sagen zur Erleuchtung. Titel sind da ganz egal. Ich rede hier nicht von diesen toll angepriesenen, geführten Meditationen zur Wunscherfüllung, zur Gedankenkontrolle oder ähnlichem, sondern von einer ganz persönlichen Selbstbetrachtung unter den Alltagsumständen und Situationen. Man kann sogar ratzfatz zum Medi-Junki mutieren und sich selbst wieder in eine Abhängigkeit reinmanövrieren. Das geht übrigens mit allem, Essen, Trinken, Sex, Arbeit, Kaufen, Mode etc. ja sogar Yoga & Co. Man kann sogar aus dem Suchen eine Sucht machen, deswegen Ob8. Bewusstsein kann ebenso zur Obsession werden wenn man unbedingt erleuchtet werden will.

Gefragt ist eine Art passiver Aktivität, die mehr einem Lassen gleicht als dem unaufhörlichen Tun und Machen. Und da das Ganze ja eine geistige Prozedur ist, ist's Lassen im Sinne von zu viel chronischer Denkaktivität gemeint. Abstand von dem eigenen Denkmechanismus zu gewinnen ist der erste Schritt. Nicht seine vermeintlichen Probleme zu lösen, sondern sich erst einmal von seinen Problemen lösen ist wichtig. Wenn ich wie ein Geier immer nur um meine Probleme kreise, sehe ich doch immer nur diese und bin nicht offen für eine andere Sichtweise bzw. Eigeneinstellung. Ich kann mir meine Träume ja nicht aussuchen, dito mit meinen Gedanken, ich kann nur lernen dies alles zu verstehen, zu begreifen, ja geistig wirklich zu erfassen. Mit meiner Einstellung zu unbegrenzten Möglichkeiten ist nix mehr ausgeschlossen, denn grundsätzlich ist ja Alles möglich, auch das, was mir noch z.Z. als unlogisch erscheinen mag. Meine Logik könnte dergestalt sein, dass sie andere mit einbezieht anstatt sie gleich zu verwerfen. Ich selbst kann mir durchaus auch noch selbst im Wege stehen, und das so geschickt, dass ich nicht einmal merke.

Ich kann also, und meist bin ich's auch, mein eigenes Problem sein.

Aber, du bIST schließlich der Fels in der Brandung. Mit Fels ist hier das Absolute, das Unvergängliche gemeint wobei Brandung einen Hinweis auf das Relative im Sinne vom Vergänglichen geben soll. Fels wie Brandung gehören jedoch zusammen, sind gewisser-maßen eine EINheit. Das Selbst, Gott kannst du dir nicht ausdenken, sonst wäre es eben bloß was Ausgedachtes, genau wie wenn du *an dich selbst denkst, du das nicht wirklich bist, sondern halt Gedanken über …, was auch immer. Tatsächliche Realität IST jedoch Fakt, und zwar der Einzige, alles andere kommt und geht.*

Das an was gedacht wird, erscheint und existent, das an was nicht gedacht wird, das ist nichtseiend, unexistent. Die Gedanken kommen und gehen aber DU SELBST bIST immer DA. Das ist Bewusstsein selbst. Nie und nimmer kannst du Nicht-SEIN, also vor was sich ängstigen. Spricht nicht im Bibelbuch der Engel bei seinem Erscheinen die Worte, „fürchtet euch nicht" und steht da nicht etwa drin, „sorge dich nicht um morgen", von den Lilien auf dem Felde ganz zu schweigen, sowie ‚ne Menge anderer Weisheiten?
Wird Weisheit zu Wissen, wird sie nunmal zergliedert, zerteilt, frag-ment-iert und das geht auch nicht anders, das muß so sein. Einheit ist schlicht unvorstellbar, nur ihre Teile sind wahrnehmbar. Dito mit vielen Sachen, Dingen und Phänomenen. Eine Synthese von Polaritäten ist ja zuerst auch unvorstellbar, genau wie du Selbst, oder dieses permanent (sich) selbsterschaffende EG0tt.

Meine Wörter wie gesagt, sind bloß Hinweise, auf deinen Geist.

LIEBE = ALL1SEIN und vice versa. Findest du dich selbst, findest du Liebe, denn das ist ein anderer Ausdruck für das was IST. Liebe, Licht, Bewusstsein u.v.m. sind Synonyme.

Wie heißt's doch im Song, „all ya need is love" und in einem anderen, „let it be", also laß's mal SEIN, dein Leben, ohne zu intervenieren, ohne etwas anderes zu wollen. Wenn SEIN Wille geschieht, IST immer Alles perfekt was in deinem passiert. Ein Onkel Einstein hatte nämlich Recht wenn er meinte dass Gott nicht würfelt. Aus diesem Grund gibt's eben keine zufälligen Zufälle, aus diesem Grund ließt du dies hier sozusagen ganz gewollt, weil die Zeit JETZT reif IST oder anders, du nun bereit dafür bist.
Also nochmal, HERZLICH Willkommen bei dir, im eigenen Geist welcher DU SELBST natürlich bIST.

Unsere (a)sozialen Lachnummern heißen Demokratie, Kapitalismus, Wirtschafts-wachstum, Klimawandel, Dieselgate und alles unter dem Deckmäntelchen im Namen der Politik. Von einer Diät haste bestimmt schon mal was gehört, vielleicht die ein oder andere auch mal ausprobiert, aber schau dir mal die Diäten unserer sogenannten Parlamentarier an. Es lebe der €, das Geld, eben das Kapital(verbrechen) für welches du Freund schön versklavt wirst. Der Überhammer ist *allerdings das dir das so verkauft wird, dass du's sogar noch freiwillig (mit)machst. Schließlich ist doch Normalsein angesagt, bloß nicht aus'm Rahmen fallen, nie verrückt sein, immer schön (Katz)buckeln und ja aufpassen was die sogenannten Anderen von dir denken, bzw. denken könnten. Und schön und viel konsumieren muß man, nicht nur wegen dieses Wirtschaftswachstums, sondern vor allem wegen einem missinterpretierten freien Willen, denn nach mir die Sintflut-Mentalität ist in unserer Gesellschaft sehr etabliert und's funktioniert sogar. Angst-erziehung ist's Motto von Kirche, Staat, Lobby und überall anzutreffen.*

Leider und jammerschade.

Stell keine dummen Fragen mehr und arbeite dir den Arsch ab! Doch für was und für wen? Hinterfrage doch mal dieses so gern gelebte System.

Um was geht's denn wirklich?

Wollen wir nicht alle GLÜCKLICH-SEIN (im Gegensatz zum Glück haben)? ZUFRIEDEN-SEIN, BEWUSST-SEIN, unser SEELENHEIL steht so ziemlich an letzter Stelle, nicht wahr?

Nun, das alles muß nicht so sein, Du bIST MÄCHTIG es für dICH SELBST zu ändern. Verändere Deine Denke, Deine Einstellung, Deinen Glauben, niemand macht's für dICH, ja keiner kann's für dICH.

Jedoch bevor du irgendetwas veränderst, sei es Denken, Fühlen, Tun, Machen, ja sogar deinen Glauben, solltest du diese alle mal unter die Lupe deiner Achtsamkeit nehmen, solltest sie mal ganz neutral betrachten, beobachten ohne einzugreifen. Normal passieren Veränderungen nämlich von SELBST, von ganz ALLEINe.

Und doch, durch deine Neugierde an dieser Selbsterkenntnis, durch's rechte Interesse am Wissen wollen geschieht dieser Prozeß eh automatisch. Die letzte Chance in diesem ZeiTRaum kriegst du mit dem Sterben, wovon wir uns doch alle so fürchten, denn darüber gibt's halt auch keinerlei Kontrolle, nur Hingebung.

Leben und Tod sind natürlich auch Polaritäten, sprich ein unzertrennliches Paar und auch hier bIST DU die Synthese. Meine Metaphern sind dir hoffentlich verständlicher geworden, genauso wie nun wahrscheinlich einige Inhalte anderer, großer Weisheitsbücher. Denke schon selber, aber fühle auch das Leben LIVE, denn das ist genau das, was JETZT geschieht. Meist fürchten wir nicht so sehr den Tod, sondern eben das Sterben, da dies fast immer mit dem Erleiden von Schmerzen assoziiert wird und wir diese Erfahrung im Normalfall tunlichst vermeiden möchten.

Das sind z.B. die Feinde welche es zu lieben gilt, und davon gibt's einige mehr. Gedanken, Gefühle, körperliche Gebrechen zählen dazu, so wie auch Verwandte, Bekannte und Familienangehörige die ganz anders denken als man selbst.

Liebe alles was da keucht und fleucht ohne Ausnahme. Mit Liebe ist nicht gemeint, dass du jedem nun um den Hals fallen sollst um ihn abzubusserln, sondern eine totale Akzeptanz des Augenblicks.

Dieser Augenblick ohne Anfang und Ende ist sozusagen der fließende Moment in welchem du dies hier grad liest. Als du's angefangen hast war's JETZT und Jetzt ist's auch wieder JETZT, denn das ist die Wahrheit.

Es ist schon verrückt mit dem so fest geglaubten Erlernten, es ist uns sozusagen in Fleisch und Blut übergegangen, das wir's ohne Prüfung einfach hinnehmen und uns auch noch sicher sind, dass unser Weltbild stimmt. Aber jede Art von Denken können wir immer nur in diesem Moment, eben JETZT. Es gibt bloß's JETZT zum Denken, Reden, Tun, alles andere ist Illusion, ist Halluzination, ist Hypnose aus welcher es zu erwachen gilt. Den eigenen Traum brauchen wir dazu genauso wenig zu verändern, wie unseren Charakter oder unser Verhalten. Zu verändern gilt jedoch der persönliche Standpunkt in *soweit, als wir andere Standpunkte auch als dass was sie sind akzeptieren lernen und dadurch unsere Logik vergrößern. Negativ ist nur immer die Beharrung auf der eigenen Meinung wenn diese dann für allgemeingültig erklärt wird, sowie das Missionieren seiner engstirnigen Gedankengänge. Man braucht niemanden, auch sich selbst nicht, von Kleinkariertheit zu überzeugen. Ein offener Geist mit einer riesigen Möglichkeits-schublade ist schon ein Schritt in die richtige Richtung. Eine Logik welche ein Inklusive vertritt statt mit Exklusivität, Besserwisserei und Klugscheißerei zu prahlen hilft geistiger Gesundung und dem Verstehen doch sehr.*

Das Beispiel mit dem Spiegel kann hier mal wieder etwas mehr verdeutlichen obgleich's auch nur eine Parabel ist. Du bIST natürlich dieser Spiegel, sprich's Bewusstsein, das selber aber wird andauernd abgelenkt von den Reflexionen des (Geistes) Spiegels, von den Bildern welche in diesem Beispiel unsere Gedanken sind. Bewusstsein hat eine unermessliche Weite, in welcher es zu diesen Gedanken-Bildern kommt, die natürlich auch wieder vergehen. Entstehen und Vergehen, die Bilder, die Gedanken wie Gefühle passieren im Bewusstseins-Spiegel unserer SELBST und der Spiegel IST und bleibt der Spiegel. Bewusstsein ist mehr als wir denken können. Ab und an vergleiche ich's mit den

Begriffen Raum an sich, Zeit an sich. dieses Selbst sind wir selbst.

Und doch sind wir natürlich keinesfalls getrennt, auch nicht von diesen Reflexionen im eigenen Geist.

In (m)einen anderen Buch mit dem Titel „NICHT II" wird auf diese Untrennbarkeit von Bewusstsein selbst sowie der darin in Erscheinung tretenden Inhalte hingewiesen. Vor nicht allzu langer Zeit gab's einen mächtigen Hype um Advaita, was Unzweiheit heißt.

Entzweit, also Ent-Zweit meint genau das GleICHe. Unser Geist IST EINER, er war und ist nie getrennt.

Betrachtet man Geist mit Geist so wie man seinen Atem betrachten kann, stellt man fest, dass Atmen von Selbst, von ganz AllEin, automatisch geschieht. Mit unseren von uns selbst geglaubt und angeblich selbst ge-machten Gedanken verhält es sich ähnlich. Sie entstehen irgendwo und werden im Bewusstsein wahrgenommen und verschwin-den dann bald wieder nirgendwo. Dito mit allem, was wir uns ausdenken. So wie die Bilder im Spiegel diesen nicht verändern, so tun uns unsere Gedanken bloß angelernter Weise manipulieren. Die Macht der Ge-wohnheit ist schon riesig wenn sie nicht durchschaut wird.

Und, diese Spiegel-Metapher hat nicht viel mit der „ich spiegele dich und du spiegelst mich Psychologie" zu tun.

Besser ist das Gleichnis vom Meer mit den Wellen, welche sich aus Wellental plus Wellenberg zusammensetzen, gleichzeitig. All das macht das Meer mit, durch und aus sich selbst, (aus sich selbst heraustreten = existieren) denn als Meer an sICH ist's unberührt von den Wellen, da sie fürs Meer selbst keine Trennung darstellen, sondern eh nur Wasser sind, sprich das Meer oder die See selbst. Ähnlich wie die zuvor erwähnte EisbergGeschICHte.

Über die Wahrheit an sich, kann man eben bloß in Gleichnissen etc. reden bzw. wie hier, schreiben. Natürlich auch lesen, zuhören und verständig SEIN. So ist schon alles in perfekter Ordnung, wir müssen's halt nur noch erkennen.

Die Polarität und ihre Synthese sind halt nicht zu trennen, genauso wie eGOTT und die WELT oder das Absolute und das Relative. Gott IST die Welt so wie DU BEWUSSTSEIN bIST (und nicht hast). Du bIST immer das MEER inklusive der WELLEN, der Spiegel inklusive der reflektierten Bilder.

Wie schon von dir selbst beim Lesen gesagt, liegt unser Fokus meist immer nur auf einer Hälfte der Ganzen Medaille, in diesem Fall auf den persönlichen Gedankeninhalten und nicht so sehr auf'm Denken(Prozess) an sich.

Entspannung, Relaxen, aktives Nichttun sind hier ein paar Schlagworte zur Selbst-verwirklichung. Aktiver Glaube im Sinne von Gott, -Lebens, -Selbstvertrauen tun in einer tief gefühlten Ruhe helfen.

Es ist ne Art von Gratwanderung zwischen dem Unpersönlichen und dem Persönlichen und dieser Grat verbindet die beiden Seiten von des Messers Schneide. Geist und Gestalt, ja unsere Person und Persönlichkeit ist nicht voneinander getrennt. Das permanente Verweilen auf „Mediwolke 7" ist schluss-endlich genauso fatal wie eine nur körper-indentifizierte Angst-Existenz zu führen. Die Leere und die Form gehören untrennbar zusammen, ja ergeben erst ein Ganzes. MenschSein IST sowohl das ewig freie kosmische Bewusstsein als auch die temporäre Existenz, und zwar gleichzeitig, also synchron, eben HIER und JETZT, jeden Moment. Leben ist immer die Verbindung von sozusagen Beidem als Einheit. Weisheit ist dann die Selbsterkenntnis der GANZEN MEDAILLE. Gott sowie sEine Schöpfung sind individueller Natur, individuell als Ungeteilt und individuell als in sich selbst schon die

Zweiheit bedingend bzw. in sich selbst geteilt wie unterschieden.

Womit hier natürlich NICHT zum Ausdruck gebracht ist, das man (Frau auch) nicht meditieren sollte. Zweck ist ja, wie im Tantra, die (un)bedingte Verwobenheit selbst zu erkennen. Und Bitte Tantra nicht mit irgendeinem Sex -oder Erotik-Yoga verwechseln, denn das Wort meint verstrickt, verwoben, verbunden usw.

Der Begriff des Yoga wird bei uns im Westen sehr verkehrt verstanden und darum auch verkehrt ausgelegt, heißt doch Yoga Union bzw. Einheit und bietet wie der Buddhismus eine Möglichkeit zur Selbsterkenntnis. Allerdings sind die Körperübungen nur der geringste Teil des Systems. Yoga ist geistige Arbeit an sICH Selbst und dient der sogenannten Erleuchtung, kosmischen Bewusstseins etc.

So wie die Bibel ein geistiges Buch ist, sind auch die Yoga-Sutren zu verstehen. Übrigens, Koran, Tora, Tao Te King, Bhagavad Gita und Konsorten befassen sich auch mit der eigenen Geistesakrobatik eines Selbstverstehens.

Interessierte können eine Menge Literatur zur Thematik finden, wobei DU natürlich selbst dein eigenes Buch darstellst, zu welchem ich dir hiermit Herzensfreude am LIVE Lesen wünsche.

Also noch einmal Tacheles. Es geht darum selbst zu wissen, Was und Wer Du Wirklich bist und zwar aus eigener Erfahrung.

Wie beim Einkaufen, es gibt keinen Inhalt ohne eine Verpackung, alles ist gewissermaßen eingehüllt in irgendeiner Form von Behältnis. Ergo kaufen wir Packung samt Inhalt gleichzeitig. Was wir damit machen bzw. wie wir damit umgehen liegt an UNS.

ICH, konkret und auch abstrakt. Die sinnbildliche Allegorie von diesem Wort sollte nun offensICHtlich werden bzw. sein. Ich bezieht sich zum Einen auf unsere Körperlichkeit samt Psyche und zum Anderen auf dies nicht an irgendetwas festzumachende Bewusstsein, den GeIST, Gott, das Selbst. Darüber zu Spekulieren ist „useless", die direkte Erfahrung, also die Wissbarkeit IST's. So haben Wörter eben ihre doppelte Bedeutung und uns obliegt das Deuten, in welche Richtung auch immer. Aber der Doppelsinn ist stets und ständig vorhanden, auch wenn dieser meist nicht gesehen wird. Ewigkeit und Zeit sind hier nunmal keine Kontrahenten, sondern gehen ineinander auf. Zeit scheint bei genauerer Untersuchung ein sehr subjektives Gefühl zu sein. Diese Subjektivität ist wohl ALLen Gefühlen durchaus zu eigen, es ist nämlich „!CH" der sie so erlebt. Und doch findet dieses persönliche Ich in etwas statt, das unbeschreiblich weit größer ist und jeglicher Vorstellung entbehrt und welches wir als Bewusstsein selbst bezeichnen. Ultimativ gibt's dafür allerdings weder Namen noch Form, nur der unabhängige, absolute Zustand in sich SELBST.

Es gleicht der LIEBE, sie ist sich selbst auch genug um sich dadurch selbst zu verströmen, egal an wen oder was, halt bedingungslos.
Wie kleinkariert erscheinen uns von diesem Standpunkt aus die eigenen Verhaltens, - Denk, -und Gefühlsmuster.
Nun, es gilt diese erstmal nicht zu verändern sondern sie zu durchschauen.

Da Veränderung Ein Teil unserer Welt ausmacht ist der Andere Teil unveränderlich. Ist der Geist mit Geist beleuchtet, sprich auf sich selbst gerichtet, so ungefähr wie's Nachdenken übers Nachdenken, erfährt man ganz andere Einsichten, eine andere Logik als die normale Alltagslogik tut sich auf.
Und es geht nicht darum dieses sogenannte Rad der Wiedergeburt zu verlassen um im Himmel zu bleiben, sondern einzig und allein ums Verstehen dieses ganzen kosmischen Spiels.
Wir sind halt nicht bloß Betrachter sondern auch aktive Mitspieler.

Sprichwörter wie „in der Ruhe liegt die Kraft", sei still und wisse", weisen oder deuten auf die Leere, das Meer, den Raum selbst wenn wir uns drauf einlassen. Mut zur Lücke, also eine Offenheit sICH SELBST gegenüber braucht's aber schon, das muß jeder selbst für sich entscheiden. Im Wort Ent-Scheiden ist der Sinn schon enthalten. Ich muß keine Riesenwälzer schreiben um diese Botschaft rüberzubringen. Die Lehre von EG0tt ist die Zusammenfassung von Gott mit Ego, Gott als Ego, was ja Ich heißt. So ist Gott die Realität im Tiefschlaf und's Ich die Realität im Träumen wie Wachen. Die Message ist immer dieselbe, nämlich das es keine wirkliche Trennung gibt.

Aus dem Tiefschlaf erwachen wir jedesmal auf mirakulöse Weise. Dieses Wunder ist echt wunderbar, denn wir haben einige Spekulationen drüber, jedoch keine Wahrheit. Jeder kann's allerdings selbst wahrnehmen wenn man sich selbst untersucht. 2 Tage Selbstanalyse würden schon ausreichen sich dessen bewusst zu werden. Man braucht sich aber erst garnicht quälen bewusst einzuschlafen, das funktioniert nicht. Probier's aber lieber selbst aus als dass du mir glaubst. Ist einmal der Körper entspannt sowie der Geist, unsere normale Denke beruhigt, gibt's dieses AHA. Nix Spezielles, lediglich AaHa. Wie heißt's so treffend im Zen; vor der Erleuchtung

Holzhacken und Wasserholen, nach der Erleuchtung Holzhacken und Wasserholen.
Was sich verändert hat ist Nichts und Alles. Alles ist immer noch so wie's war aber ganz anders. Nichts und Alles IST einfach nur noch. Dies ist meine persönliche Erfahrung und die macht richtig angstfrei.

Widmest du dICH dir SELBST um zu Wissen, Schweige darüber, denn du wirst vielleicht ein paar Freunde weniger haben, aber du bist Freund.

Meistens kommt es anders als man denkt. Diese Aussage hör(t)en wir öfters. Hand in Hand geht damit dass sich sorgen um morgen. Sorge ich mich nämlich, sorge ich mich JETZT. Dieses verflixte JETZT bringt eine ganze Menge Zeugs durcheinander, unter anderem chronologische Zeit. Wir glauben das JETZT und HIER recht verstanden zu haben, aber dem ist nicht so. Wie gesagt, es gibt IMMER nur's JETZT, immer wenn du was denkst ist's JETZT.

Tag für Tag, im Heute leben reicht vollkommen aus, denn ein Gestern ist NICHT mehr und ein Morgen noch NICHT. was beide gemeinsam haben ist's NICHT plus, dass ich JETZT an jedwelche Vergangenheit bzw. Zukunft denke und mich mit meinen Gedankeninhalten identifiziere. Und schwuppdiwupp finde ich mich im alten Trott wieder. But no worries, all das gehört zum Spiel. Vorm Spiel haben wir nämlich einen riesigen Schluck Lethe, den Vergessenstrank genommen und die Wahrheit über uns selbst aus dem Gedächtnis verloren. Bewusstsein scheint uns abhanden gekommen zu sein, also Zeit sich wieder zu erinnern. Geschieht diese Erinnerung, du als Person kannst da nicht viel tun, nennt man das „von Gottes Gnaden". Etwas geträumtes kann nicht erwachen, der Träumer kanns nur, und das Geträumte ist die Person im Vergleich zum richtigen Menschen, dem Gott-Menschen, eben DIR SELBST.

Mir geht's hier nicht um Kontrolle, um Kräfte die du benutzen kannst, diese Siddhis, nicht um Psycho-Powers oder sonst irgendwelche Manipulationen zu einem Beherrschen. Keine Universums-Bestellungen, kein Wunschdenken, weder NLP noch Erfolgspraktiken, ohne Steinchen, Pendel, Räuchern, Karten oder andere Übungen „um zu"…

Selbsterkenntnis wird nicht deine Miete zahlen, dein Haus, dein Boot, dein Auto finanzieren. Selbsterkenntnis verschafft dir keinerlei materielle Vorteile oder gar eine tolle Stellung.
Warum sich dann erst damit beschäftigen?

Nun, diese Frage kannst nur du dir selbst beantworten, falls du sie dir denn überhaupt stellst oder stellen solltest.

Du bist gleichzeitig IN der Welt aber nicht VON ihr. Bewusstsein ist sozusagen the last frontier, echte Gottes -bzw. Geisteswissenschaft, wahre Philosophie.

Ichkunde oder Egologie, wie das Wissen ums Nichtwissen sind meiner Meinung nach das A und O unserer wahren Natur.

Inner-Halb und Außer-Halb ergibt in der Synthese EIN GANZES, denn 2 x 1/2 = 1 und wie immer meine Aussage, dieses GANZE bIST DU SELBST, auch wenn's grad mal nicht gewusst wird. Das Ungewusste existiert für uns ganz einfach nicht. Über ein angebliches Unterbewusstsein gibt's recht viele Spekulationen, viel weniger über ein Unbewusstsein. Und doch sind wir hier irgendwie dran das Un(b)gewusste wissbar zu machen, sprich ins Bewusstsein zu bringen. Doch was, wenn Bewusstsein auf sich selbst gerichtet ist, und zwar von dir als das Ich?

Wie sagt man so schön, Probieren geht über Studieren und trotzdem ist's ganze Unterfangen ein Selbststudium. Eine Hälfte scheint in dir zu sein während sich die andere Hälfte irgendwie außerhalb von dir zu befinden scheint und doch sind Beide Hälften ungetrennt in deinem Geist, ergo in deinem

Bewusstsein, und das auch noch gleichzeitig, nämlich JETZT.

Ganz außerhalb wie ganz innerhalb geht nicht, die Kombination macht erst ein Neues Ganzes. Konzepte wie etwa ein Unter -bzw. Überbewusstsein geschehen trotzdem im Bewusstsein selbst und sind bloße Hilfsmittel zum Verstehen. Leben an sICH ist total unkonzeptionell, doch scheinbar kommen wir nicht umhin uns immer wieder Modelle, Konzepte, Ideen, Paradigmen zu basteln an welche wir dann glauben können. Somit verwechseln wir ab und an die Karte mit dem Terrain. Die Landkarte ist nie das echte Land, sondern nur ein kleines Abbild, ein Weg-Weiser der immer in eine Richtung weist, nämlich nach INNEN, zum BEWUSSTSEIN selbst.
Und selbst das ist metaphorisch, denn im Bewusstsein selbst entsteht's Innen wie's Außen, oder noch anders, im Bewusstsein, im Geist als Einheit, gibt's weder innen noch außen.

Es mag recht kompliziert klingen, dieser ganze Talk übern EG0tt, doch ist's genau das, was dICH auf wunderbare Weise diesen heutigen Tag erleben lässt, und zwar ad infi.
Bewusstsein ist schon etwas, was etwas wahrnimmt um sICH dessen wie auch sich selbst bewusst zu SEIN. Auch Bewusstsein

als eine Synthese von Objekt und Subjekt ist sozusagen im Wort Individualität enthalten, welches vorher ja beleuchtet wurde. Vorm Bewusstsein ist DAS, was ich gerne Geist nenne und für dieses Geist ist natürlich Bewusstsein auch schon ein Objekt. Denken wir an Bewusstsein, ist's was Erdachtes, denken wir an Über-Unter-Bewusstsein, ist's das Gleiche in grün. Und was immer von uns er -bzw. gedacht ist, kann nie und nimmer das EigentlICHe SEIN sein.

Schlußendlich sind wir ergo DAS, was nicht gedacht werden kann, sondern der Denker an sich.

Aber meist vergeuden wir unsere Zeit entweder mit einer Reue bzw. Wut eines Fehlverhaltens unserer HEUT ausgedachten Vergangenheit, oder aber mit Angst vor einem ebenfalls HEUT ausgedachten Morgen. Tagein Tagaus das gleiche Spiel, obwohl doch, wenn Heut recht verstanden ist, es doch halt nur dieses Heut gibt und Heut ist JETZT.

Wir müssen also an unseren Marionetten-dasein nix schrauben, sondern dies „bloß" Verstehen, indem wir uns selbst Betrachten, Untersuchen, Analysieren und immer wieder Hinterfragen. Denn ohne UNS SELBST gibt's Null, Nix, Nada.

Das ICH IST sowohl's Bewusstsein von ETWAS als auch's SELBSTBEWUSSTSEIN in meinem Sinne Hier.

Aber keine Panik, ich mag dICH nicht Volltexten mit vermeintlichen Theorien, mag nicht das deine Ohren bluten während du deiner eigenen Stimme im Kopf lauscht. Deshalb noch einmal ausdrücklich, Glaube das Alles nicht, sondern find's selbst raus.

Wahrheit ist was von dir selbst mit all deinen Sinnen wahrgenommen wird, alles Andere ist MF (mindfuck) bzw. Glauben.

Heil oder holistisch zu SEin baut auf Gegensätzlichkeiten auf, sind diese erst einmal vereint, sprich Plus und Minus gleichwertig, gleichgültig, beginnt die wahre Geisteswissenschaft. Der Alchemist grüßt mit'm „Solve+Coaguka".

DU bIST es, der von dir SELBST unter die Lupe genommen wird. Dein Bewusstsein selbst ist der Passepartout zur einzigen Wahrheit welche DU SELBST BIST. Dein GeIST ist der Schlüssel zum wirklichen Verstehen dEINer SELBST.

Techniken, Methoden, Vorgehensweisen deiner Selbstbetrachtung sind erst einmal deine eigene Sache, denn es gibt da keine universelle Handhabung, bis auf jene, die in den sogenannten alten Schriften beschrieben stehen. Um die eigene Funktionsweise seines

Geistes zu Verstehen wird eben dieser Geist durch Betrachtung auf sICH SELBST gerichtet. Im Klartext heißt das Gedanken, Gefühle, Körper sowie die eigenen Verhaltensweisen zu Beobachten. Ich nenne dieses Stadium die Zeugenposition einnehmen und sICH SELBST gegenüber frei wie neutral zu SEIN. Das bewusste Wahrnehmen der Atmung ist anfangs recht hilfreich dabei den eigenen Geist, sprich in diesem Falle die eigene Denke zu beruhigen sowie gleichzeitig zu MERKEN bzw. zu SPÜREN, dass all dies ein AUTOmatismus darstellt. Der Atem geschieht nun mal von selbst, wie das Denken. Es ist zu Beginn garnicht so einfach nur hinzuschauen ohne etwas zu verändern zu Müssen. Meditation, Kontemplation und echtes Beten sind in diesem Zusammenhang dann doch recht ähnlich. Der Alltag, ja dein Alltag ist die Bühne der Selbstverwirklichung, die einem Erinnern recht nahe kommt. Und nochmal, VERSTEHEN IST ALLES, aber wirkliches Verstehen ist gemeint, nicht bloß der eigenpersönlich, logisch-intellektuelle Verstand. Mir geht's hier um das Verstehen des Denkers, des Träumers und nicht seiner Gedanken bzw. Träume.

Der Denker kann wohl ans Nichtdenken denken, aber das ist noch lange nicht wie ab und an in der Medi ein Nichtdenken. Nichtdenken passiert, aber man kann's nicht denken. Dito mit'm Nix, es kann nur Ausgesprochen werden, egal ob laut oder geistig. Viele Techniken wollen einfach nur diesen (Geistes)Zustand erreichen und glauben's damit geschafft zu haben.

Willkommen aufm Holzweg, denn ist man erstmal auf Wolke 7, dem Gipfel, dem Himmel, geht der Weg wieder zurück zur Erde, dem Tal etc. Berg wie Tal sind die Einheit, Himmel und Erde sind nicht getrennt, Du und deine Gedanken auch nicht, ja noch nicht einmal Du und die Welt, dEINE WELT.
Das Phantom des Freien Willens, der eigenen Kreation, des Selbsterschaffens seiner Realität kann in jedem Augenblick durchschaut werden. Am Anfang Ist das Bewusstsein, aber davor bist Du HEIL, GANZ, KOMPLETT, PERFEKT, halt 100%, Du bIST eben ALLES, nicht getrennt von Nichts, und Alles Ist Gut so wie's IST. Glaube dies, hab Gottvertrauen, Selbstvertrauen, Lebensvertrauen und gib die Kontrolle mal in diesem Sinne auf.

Harry, HA:RI ergo dieser Haristoteles ist (m)eine ausgedachte Persönlichkeit, mein(e) Charakter(e), ja der Körper, und all das vergeht. Das IcCH hingegen verändert sich nicht. Körperlich sieht man einen Alterungsprozess, Gedanken, Bilder im Kopf, Emotionen usw. sind dem Wechsel und Wandel unterworfen, mein Ich aber ist immer

Dasselbe, unverändert. Meine Welt ist in mir als Geist, als Bewusstsein, als Träumer sowie Denker.

Egal ob Urknall, Evolution, Weltbilder etc. das alles denke ich nunmal HIER und JETZT, HEUT, und genau deshalb kann ich Gestern nichts vollbracht haben und Dito mit Morgen. Wenn ich etwas anstelle, egal was, dann immer nur JETZT. Gedanken an Billionen Jahre, Lichtjahre, diesen Big Bang, unser Sonnensystem, die Erde ja sogar mich selbst, sind bzw. entstehen in meinem Haupt. Sogar mein Kopf und Hirn, ja der gesamte Körper, wenn ich an ihn denke, existiert als gegenwärtiger Gedanke, ansonsten ist, falls ich nicht an etwas denke, dieses Etwas, was immer es auch sei, einfach nicht existent, nicht da. Das heiß allerdings bei weitem nicht, das Es nICHt IST.

Das was ich wirklich bin, kann ich nicht denken. Ich weiß aber, dass ICHBIN. Ich weiß aber auch, dass Ich nicht verschieden von eben diesen meinen Gedanken bin. Von wegen, ich hab mit meiner Denke nix zu tun. Bin ich der Denker, sind alle Gedanken mEINe.

Ich lernte (obgleich's keine chronologische Zeit gibt) mich nur mit diesem einen HarryKörper zu identifizieren und so wurde ich zum Fremden meiner SELBST, von Dir und in der Welt obwohl dies eine immense Illusion darstellt. ICH IST nicht nur dieser eine Body, sondern sämtliche (ZeiTRaum) Gestalten. Geh mal durch die Gassen oder durch den Wald und sag zu Allem; „Hallo Ich", und mein das auch. Du fühlst dich wie in einer Selbstverarschung. Diese Fremdbestimmung ist mittlerweile so ins eigene Mark und Bein übergegangen, dass wir's schon nicht einmal mehr raffen oder aber zur Kenntnis nehmen. Verfolge mal diesen Gedankengang weiter.

Diese hypnotische (Auto bzw. Selbst) Suggestion ist's die es zu durchschauen gilt. Die Erbsünde gleicht einem von Generation zu Generation überlieferten, materialistischen, dogmatischem Credo. So ist's dein Glaube der für dich die „Dinge" so macht, wie du von ihnen denkst bzw. glaubst.

Dem Untergang geweiht, Alles an was du grad nicht Denkst ist für dICH auch grad nicht existent. Alles was du denkst wird auch untergehen. Du Selbst als dEIN ICH bIST jedoch der Phönix welcher Jeden Tag aus der eigenen Asche immer wieder entspringt. Du Selbst als EG0TT bIST das sich selbst immer Neu erschaffende, ad infinitum, heißt immerzu. Du Selbst kannst nicht NICHTSEIN. Wenn du was nicht denkst, ist's doch trotzdem im SEIN, halt bloß nicht konkret vorhanden, aber doch als Möglichkeit re-al. Ich als Person bzw. Persönlichkeit, als Charakter, bin jede Nacht dem Untergang geweiht (Tiefschlaf) entstehe allerdings wieder jeden Tag aufs Neue. Das was diesen Prozess wahrnimmt, sich dessen bewusst ist, das IST's um was es geht. DAS hast Du nicht etwa, sondern DAS BIST DU, DU als ICHGEIST, als EGOTT.

Das Wahrnehmende, nicht die Wahrgenommene IST gemeint, obgleich Beides nicht voneinander getrennt ist, so ist's doch im Geist unterscheidbar. Ergo mein „Wissbares". Subjekt wie Objekt verschmelzen in mir SELBST.
Faktisch ist's von jedem Interessierten innert einem TAG, mit TAG ist hier Tag und Nacht gemeint, also 24 Stunden, selbst nach-zuvollziehen.

Wo sind deine ganzen Gedanken, Gefühle, ja sogar dein Körper wenn du schläfst?
Und tu dir selbst den Gefallen, nicht zu Glauben, das dein Körper sowie deine Welt ja dennoch Da sind während du schläfst. Du würdest dich nur selbst betrügen, denn du kannst es nicht nachprüfen, immer nur JETZT dran Denken, dass dies auch nur eine Möglichkeit, also auch nur etwas Geglaubtes ist, sein kann bzw. könnte.

Wo sind all die anderen Menschen, egal ob Freunde, Bekannte, Verwandte, wo all die Freuden sowie die Leiden, wo ein Diesseits als auch ein Jenseits, wo sämtliche Konzepte und Weltbilder, wo dein gesammeltes ganz persönliche angehäuftes Wissen, wenn du echt pennst?

Find's für dich selbst raus, ne andere Möglichkeit hast du nicht. Und von wegen Gurus, Shaktipat, Siddhis, Kundalini, Satsang und Co., SELBST IST der Mann sowie die Frau der Eigenerfahrung.

Die Synthese von Mann und Frau heißt Mensch, ja sogar heiliger bzw. heiler, ganzer Mensch, der biblische ADAM. Dieser GANZE MENSCH IST DAS, was du schon immer SELBST bIST!!!

Die Zeit IST JETZT, der Ort ist HIER, also worauf warten WIR?

Perpetuum mobile, das ist der Phönix, Kontinuum usw., alles Bezeichnungen fürs SELBST, also für dICH, fürs EG0TT.

Allerdings nicht dein selbsterdachtes Ich, kein ausgedachter Gott sondern eben DAS, was vorm Anfang IST, vorm innerlichen Sprechen. Sozusagen „die Stille des Wissens".

3D Raum, chronologische Zeit, ja deine ganze Welt IST bzw. existiert immer nur JETZT, wenn du dran denkst. Der Urknall, die aus-

gestorbenen Tierarten (Dinosaurier, etc.), Lichtjahre, Lichtgeschwindigkeit, Atome, Photonen, Alles im Kopf, und der Hammer ist, sogar der Kopf ist im Kopf, ist nur wenn du dran denkst. Alles ist im Bewusstsein, im sogenannten HAUPT, dem Haupt (E)Gottes, denn da IST ALLES drin. Dieses Haupt Gottes, dieser GöttlICHe Kopf ist das SELBST von welchem und in welchem Alles von Selbst geschieht, das selbst undenkbare ALL1SEIN, DU, dEINE wahre Natur. Du brauchst's bloß zu Akzeptieren, mit all den Konsequenzen die dies mit sich bringt bzw. impliziert.

Dir selbst beweisen kannst's natürlich auch nur du, keine Religion, keine Wissenschaft, nur du wenn du zum echten Philosophen wirst. Laß dICH ergo niemals anstecken von irgendwelchen hochtrabenden Geschichten, gemeint Glaubenstheorien, die dir von anderen, auch wenn diese noch so gescheit daherreden, dir allerdings nur ihre eigene kleine und logische Sichtweise bzw. Ideen, verkaufen wollen. Anders, laß dich nicht infizieren mit fremden Gedankengut sondern DENKE SELBER. Diejenigen welchen du vermeintliches Wissen zusprichst werden in deinem Jetzigen Geist so erscheinen wie du dir diese ausdenkst. Sie haben keine Chance auch irgendwie anders zu sein wie sie als Gedanken in deinem Kopf vorhanden sind. In deinem Kopf, natürlich nicht in der Birne an *die du grade denkst, geschehen Zeichen und Wunder.*

Puh, das ist nicht so einfach zu kapieren!

Wie heißt's im Bibelbuch nochmal; kümmere dich zuerst um Gott, alles andere wird dir dann schon VON SELBST zufallen. Mit diesem Zufallen ist aber mitnichten der populäre Zufall gemeint.

Weswegen sich um ein eventuellen JETZT gedachten Morgen, sich zu sorgen vollkommen idiotisch ist. Jeder TAG sorgt für sich selbst, denn jeder Tag ist's JETZT.

Aber ein Zahn möchte ich dir hier noch ziehen; ans JETZT kannst du nämlich auch nicht recht denken, DAS bIST DU nämlich Selbst.

Probleme könnte man dem Wortsinne nach auch als Vorstellungen bezeichnen. Und geistige Vorstellungen, sprich Erdachtes haben alle Religionen sowie unsere hochgepriesene Naturwissenschaften zu ihrem eigenen, axiomatischen Dogma erhoben. Einfälle, Ideen, logische Gedanken oder eben nur Theorien sind die Grundlage ihrer ausgedachten Thesen.

Viele dieser uns als (Funda)Mental geltenden Gedanken gibt's nämlich in Echt garnicht, sind bis auf die Mentalität keiner Wirklichkeit und Wahrheit entsprechend und in keinster Weise richtig beweisbar. Aber wir alle glauben an deren auch nur selbstgebauten „Glaubenssätze" und labern diese schön überzeugt nach, ohne sie jemals infrage zu stellen. Egal ob Schule, Universität, Kirche, einige Hirngespinste sind mittlerweile so tief in uns verankert, dass drüber nicht einmal nachgedacht wird, ja dies noch nicht einmal für nötig befunden.

Willst du was wissen, mußt du dich schon selbst drum kümmern, sonst wird ein „blinder Glaube" zur selbsterfüllenden Prophezeiung. Sogar die Philosophie, welche an den Unis gelehrt wird, macht da keine Ausnahme, schade. Deswegen ist's SELBER DENKEN so immens wichtig. Redest du aber von wirklicher Wahrheit, wirst du fast nicht mehr verstanden, als Spinner, Irrer, Extremist, Verschwörungstheoretiker oder sonst was abgetan. Es lebe der Konformismus, ja nicht aus der Reihe tanzen, immer schön Nachäffen was dir unsere doch so hoch gebildeten und dekorierten Menschenaffen voräffen. Es scheint ein Tabu geworden zu sein Selbst Zu Denken.

Du und die Welt ist nicht so wie's einem beigebracht wird, aber die Andersartigkeit kannst nur du für dich rausfinden. Der Unterschied von Fakt und Fiktion kommt hier zum Tragen und wird durch ein gegenwärtiges Überprüfen von Sachverhalten bzw. Tatsachen *im Hier und Heut bestätigt. Fiktion wäre daraufhin eine Art von logischer aber mentaler Weiterführung in Gedanken, halt Theorie.*

Lebenbs-Praxis oder Lebens-Kunst ist der eigene Umgang mit Informationen, egal welcher Art diese auch sein mögen, und bezieht sich immer auf die eigene Selbst-ständigkeit. Nur die eigene DENKE IST wICHtig. Alles wird diese Tage nur noch wirtschaftlich, ökonomischen Berechnungen anheim gestellt. Im Namen dieses Wirtschafts -bzw. Öko-Gottes, sprich des Geldes richten wir unsere Denke einem Materialismus aus, der uns im Alltag einfach in den Arsch mit Ohren tritt, ohne dass wir uns dessen bewusst sind bzw. werden. Gemeint ist hier nicht die Wirtschaft wo man Bier trinken kann, das natürlich auch mittlerweile zu horrenden Preisen und sehr Gewinnträchtig verkauft wird, sondern diese nur noch materiell-ökonomische Strömung, welche uns immer mehr herabzieht und schön, aber modern versklavt.

Alles, auch wir, werden in den €-Mammon umgerechnet. Monokultur in der Wald-wirtschaft, Lobbyismus in der Pharma-branche, bei den Autos, im Sport und der Unterhaltungsindustrie, ja schlicht überall wo Kirche und Staat die guten Vorreiter sind. Und willst du nicht mein Bruder sein, schlag ich dir den Schädel ein.

Bei der Selbstentdeckung im eigenen Geist braucht man keinem Club beizutreten, es bedarf keiner Organisation, keiner Institution bis auf deine eigene Autorität. Meist werden die recht Interessierten dann sogar ihre Sekten freiwillig verlassen.

Es kann nur Einen geben und der bIST nunmal DU SELBST.

Verstehen bedarf keiner Technik, keiner intellektuellen Spielereien, denn ist die Zeit reif, geschieht's einfach, einfach „von Selbst, von ganz AllEin". Das heißt nun aber wiederum nicht, dass du dich nicht mit deinem Geist befassen sollst.

Siehst du, ich sagte anfangs doch, dass es hier viele Widersprüche zu geben scheint, doch auch das ist nicht wahr. Mache deine Hausaufgaben und verlaß dich auf dICH SELBST um zu WISSEN.

Die Leute in Sekten sind meist irgendwie Gehirngewaschen, denn natürlich haben ihre Vereinigungen Recht und alle anderen nicht. Die größte Sekte sind die Materialisten inklusive der Katholiken, Protestanten, Naturwissenschaftler und dergleichen, denn allesamt sind sie exklusiv, d.h. anders Denkende ausschließend. Nur mein Club hat recht und diese Einseitigkeit wird auch noch *verteidigt, rechtfertigt und auf Teufel komm raus praktiziert. Big Pharma, man geht über Leichen, Big Politik, nix Mitbestimmung, denn das dumme Volk blickt ja eh nix. Schau dich um, es gibt's en masse.*

Und wieder, Null, Nichts, Nada an Kritik, denn es ist wie's IST, sondern nur mal anders beleuchtet. Es gilt nicht, irgendjemanden oder irgendeiner Gesellschaftsform, sei's ne Partei, n Club, ne Sekte, ne Vereinigung oder sonst was, den schwarzen Peter zuzustecken, vielmehr das eigenpersönliche Durchblicken ist gefragt und angesagt. Nur du bist in der Lage das für dich zu tun, zu Ent-Scheiden.

Obwohl's erscheint, dass ich über Gott aber speziell die Welt viel lästere ist's genau das Gegenteil. Ich bitte dich einfach sowohl um Verständnis als auch die Courage mal wirklich hinzusehen, in den eigenen Geist. Da, und nur da kannst du unterscheiden zwischen Tatsachen und allgemein hypnotischem Akzeptierten Vermutungen. Eine Behauptung sollte man für sich selbst prüfen können, wenn nicht, dann laß sie einfach gehen.

Theorien, auch wenn sie noch so gut klingen sind meist nur wieder MF, sprich mein berühmter mindfuck. Die Meisten gehen lieber auf sogenannten Seminare, Vorträge, Workshops, Sitzungen und dergleichen, Hauptsache schön mit Gugus gefüttert werden als „die eigene Grüze" zu benutzen. Schließlich ist's doch maßlos angenehmer sich einlullen zu lassen als sich selbst an der Wahrheitssuche zu erfreuen. Klar, ich muß das Rad ja nicht nochmals erfinden, aber ist's denn wirklich erfunden oder einfach nur gefunden?

Wir können uns nur selbst EntDecken, EntWickeln, denn wir sind zugedeckt und verwickelt, benebelt und trunken vom selbstherrlichen Denken.

Und Ja, man(n), Frau auch, kann mir vorwerfen … Blablabla … und doch weiß ich was und wer ich bin.

Wow, klinge ich etwa schon wieder arrogant, besserwisserisch, abgehoben?

Nein, ich denke nicht, denn es gibt nur EIN ICH und das drückt sich durch UNS ALLE aus um sICH SELBST in und durch ALLES MÖGLICHE zu erfahren. Und wenn ich sage bzw. schreibe durch alles Mögliche, beinhaltet dies natürlich jede Art vermeintlicher Polaritäten und nicht bloß die von Gut und Böse.

Holistisch, Heil, Ganz, Komplett, SEIN ist in meinem Sinne der GOTT-MENSCH, geschaffen in SEINem Ebenbild. D.h. DU bIST immer schon die verkörperte Perfektion, ob du's glaubst oder nicht ändert recht wenig an dieser Tatsache sprich Fakt.

Und was EINER kann, können wir ALLE. Wie lange braucht's um sICH mit der absoluten Wahrheit seiner Selbst zu befassen und zu VERSTEHEN.

Wenn du geliebter Lesefreund, das Un-denkbare versuchst SELBST zu DENKEN, dann wird sich dein Leben verändern. Shakespeare sagt's mit dem berühmten - Sein oder Nicht-Sein… - vielleicht etwas moderner als Existieren oder aber nicht Existieren. Das was DU, was GOTT Ja das SELBST IST, das kann nie und nimmer Existieren. Existenz IST im SEIN immer schon enthalten.

Du bIST DAS, was sämtliche EXISTENZ möglICH m8!!!

Überleben, tolles Wort, doch was ist's was überlebt?

Nun, garantiert nicht dein Körper, mitnichten deine Gefühle und auch deine Gedanken nicht, d.h. du als Person überlebst nicht. Es ist dein Bewusstsein, dein Geist, eben EGOTT und dies macht immer wieder Neues. Das was du als Mensch bezeichnest, eben als Existenz, das wird sich wandeln, sprich nicht mehr existieren. Das was DU in WAHRHEIT bIST, das Überlebt, steht überm Leben, das selbst ungeboren und somit nicht dem Tod geweihte. Ich nenne es das SELBST bzw. GEIST.

Hier noch eine kleine Metapher zur Synchronizität. Schaufelt man im Garten einen kleinen Haufen auf, nimmt man die Erde ja irgendwo weg bzw. her. Es gibt also einen Haufen und gleichzeitig eine Mulde. Haufen wie Mulde bedingen sich aber gegenseitig und was die Erde anbelangt, heben sich sogar mathematisch auf. Das Ganze hat keinen Einfluß auf die Gesamtheit der Gartenerde insgesamt. So sieht man im Kleinen das Berg und Tal, Hell und Dunkel und vieles andere mehr nicht getrennt ist, aber doch getrennt erscheinen kann. Je nach seinem Blickwinkel bestimmen wir selbst was für uns richtig oder falsch ist. Steht der Masskrug aufm Tisch, ist der Henkel je nach Sichtweise einmal recht und fürs Gegenüber trotzdem links. Die Vorderseite eines Baumes ist ebenso seine Rückseite für mein Gegenüber und vice versa. Und die Moral von der Geschichte ist die, dass Polaritäten einfach zusammen gehören und immer beide oder mehrere Sichtweisen ein Ganzes ergeben.

Unser alte Sichtweise wird durch neue Information nicht etwa hinfällig, mitnichten, sie wird allerdings erweitert.
Unsere vermeintlich engstirnige Logik kann wenn wir durchblicken zu einer echt integralen wie integrativen, neuen Logik werden. Dadurch sind wir in der Lage   Zusam-

menhänge auch mal ganz anders zu erfassen und zu deuten, deren Verbindungen auch mal hinterm Intellekt-Horizont verborgen scheinen. Wenn hier des öfteren wiederholt wird, dass dir ansICH nix passieren kann, so ist hier auch immer von dir GEIST die Rede, nicht von dem was du glaubst zu Sein.

Und JA ich weiß, dass das Verstehen dieser Abhandlung zuerst nicht einfach erscheint für unseren noch klassisch konditionierten Intellekt.

Sehe ich Im Garten oder Wald einen Baum, ist doch sein für mich ungesehenes Wurzelwerk auch gleichzeitig mit Stamm und Krone da. Die Ente aufm Wasser hat ihren Bauch und die Schwimmfüße unterm Wasser.

Und Ja, seiner einer war recht überrascht dies im klaren Wasser in jungen Jahren gesehen zu haben, genau wie früher das Aha bei der Feststellung, das auch Geräusche der Gleichzeitigkeit nicht entbehren. Nur in unseren Beschreibungen bauen wir eine Art Reihenfolge auf, die es aber in Echt nicht gibt. Alles und Jedes fängt im Kopf an und hört dort mit anderen Gedanken auch wieder auf. Das ist normal. Jeder Gedanke stirbt durch einen Jetzt neu gedachten anderen.

Der kleine Säuglings-Harry, der Kindergarten-Harry, der Schul-Harry usw., mussten allesamt scheiden damit dieser Schreiberling, dieser

Autor-Harry draus wird. Von den unzählig diversen anderen Harrys ganz zu schweigen. Das ist Leben, das ist Vergänglichkeit, das ist aber bloß eine Hälfte meiner Medaille, die andere ist's Ewige, Unvergängliche, halt diese philosophische Weisheit, welche man nur selbst erkennen kann.

Meine sogenannte Psychosomatik verändert sich ständig, denn auch seiner einer wird älter, faltiger, langsamer, weiser, aber dieses mein ICH, IST unangefochten DASSELBE. Der Knaller ist, es gibt nur EINS und das sind Wir, wir ALLE.

Gedankenspiel. Ich kann mich an keine Zeit erinnern in der oder zu der ich nicht bin bzw. war oder nicht sein werde. Das was sich erinnert oder vorstellt, das was etwas begreift oder auch nicht erfasst, DAS IST's.

Ich kann mICH SELBST nicht denken, mich mir nicht vorstellen, genauso wenig wie ich mich noch nie SELBST im Spiegel gesehen habe. ICH SELBST BIN unbeschreiblich, unsichtbar, erscheine zwar existent, BIN jedoch DAS SEIN SELBST, von Nichts getrennt.
Mein vermeintliches Meckern, mein Motzen sowie meine doch so harsche Kritik sind natürlich keine. Feststellungen, wertfreie

Betrachtungen die mir so auffallen, sozusagen interpretierte Informationen, sonst nichts.

Aber noch einmal, auch die vermeintlichen Missstände sind vollkommen ok, denn sonst wären sie nicht das was und so wie sie sind. Es ist also gänzlich in Ordnung, das die Welt so ist wie sie ist.

Die Info, die man aus'm (Zensur)Internet, unserer (Lügen)Presse, den (Manipulier)-Medien usw. bekommt, ist halt immer auch nur ein Teil von dem, wenn wir ehrlich sind, dass wir nicht unterscheiden können was stimmt und was nicht. Wir glauben auf diese (Fake)News angewiesen zu sein, dabei konsumieren wir nur BS, unnützen Bullshit, der nicht nur verdummt, sondern auch bloß auf unser Bestes abzielt, wobei wir schon wieder beim Geld wären. Schön nach'm Motto von „Geld regiert die Welt", wird nämlich weiter Ökonomisiert, bis der ganze Kladderadatsch zusammenfällt. Immer wenn zu spät, ist's Geschrei dann groß.

Wirklich Friede, Freude, Eierkuchen, Gesundheit und dergleichen, sind schlecht für ein andauerndes, jedoch un -oder schwachsinniges Wirtschaftswachstum zum Wohle einer egomanischen, kleinen Elite, die UNS durch Angstmache re-GIERt.

Schauen wir doch mal auf das, was wir wirklich BRAUCHEN anstatt immer nur das was wir WOLLEN. Es ist doch so schön, mein Haus, mein Boot, mein Auto, mein Fußball, meine Arbeit, mein Lebenssinn, wenns denn einen gäbe. Für dieses kurzfristige Glücks-gefühl eines Habens sind wir bereit uns selbst wie die anderen zu belügen und zu betrügen.

So sind wir als Nation zu arschkriechenden Vasallen einer Öko-Kriegsmaschinerie mutiert, ohne dies bewusst mitzubekommen, gemeint das US-Imperium.

Flüchtlingspolitik, Umweltdebakel, Lebens-mittel und Pharmaindustrie, Organspende, Börse, erneuerbare Energie, Klimawandel, ja wohin man auch schaut, „viva la corruption". Aber so richtig Aussteigen aus dem Sumpf politischer, wirtschaftlicher wie kirchlicher Schandtaten trauen wir uns nicht, obwohl wir's doch innerlich, heißt mit unseren Gewissen, längst besser wissen.

Es ist halt eine verrückte Welt, doch ist die Welt verrückt oder sind's gar wir selbst mit unserer Denke? DU entscheidest!

Unsern WelTRaum suchen wir uns allerdings nicht selbst aus, der passiert quasi auto-matisch. Wichtig IST aber unsere Ein-stellung dazu.

Können wir uns denn überhaupt etwas aussuchen, oder ist Alles eh vorbestimmt? Gute Frage, die nächste bitte!

Auf meiner metaphorisch interaktiven CD(VD) ist alles was es an Lösungen bzw.

Spielmöglichkeiten gibt, schon jetzt drauf, schon fix und fertig ausgerechnet, genau wie bei diesem Schmöker der gesamte Inhalt auf einmal, also gleichzeitig vorhanden IST. Während unseres Lebensspiels vergessen wir halt gern das wir spielen und glauben unseren Charakter verändern zu müssen, unser Verhalten zu kontrollieren zu können um zu … Um zu was?

Genau deshalb ist diese Selbstbetrachtung ja so wICHtig, denn Veränderung geschieht automatisch, eben von SELBST. Wir sind es doch, die sich diese Polaritäten erdenken, nur wir selbst können uns selbst nicht ausdenken. Als ein TRäumer passiert alles in dir, sozusagen in deinem eigenen Kopf und es scheint bloß so als ob's da ein DrAussen gibt. Dieser, dein Kopf ist nun nicht zu verwechseln mit der Cabeza und seiner grauen Masse drin. Du bIST grad der Denker dieses Kopfes, doch (d)ein erdachter Kopf ist nicht DER KOPF, genauso wenig wie eine ausgedachte Person(a) der echte Mensch sein kann.

DU bIST immer, warst schon immer und wirst immer SEIN. Du bist nämlich auch bevor du dir etwas denkst, bevor du etwas zu sehen bekommst, ja vor allen deinen sogenannten Sinnes(Wahrnehmungen). Und nochmals, DU bIST der DENKER dEINer Welt. In diesem Sinne gibt's nur dICH.

Wie ein Spiegel nicht getrennt aber doch absolut frei von seinen Reflexionen ist, so bist du nicht verschieden von deiner Welt, deinen Gedanken, deinen Gefühlen und deinem Körper, doch in Essenz frei davon. Gottes Welt ist in ihm, wie die deinige in dir.

In diesem Sinne bIST DU in und für dEINE Welt Gott, zwar noch ein unbewusster, aber das kann sich jederzeit ändern um dann dieses SELBSTBEWUSSTSEIN zu SEIN.

Was ist dazu vonnöten? Nix, denn es geschieht ganz von AllEin, quasi von Selbst.

Es gibt da wirklich nICHts zu tun, also lassen wir's SEIN. Geschehen lassen, Passieren lassen ist eigene aktive Passivität.

Nach deinem Glauben ist dir geschehen…, denn Fakten, Tatsachen, Dinge, Situationen, andere Personen usw. usf. sind immer so wie du dir diese im Kopf ausdenkst. In deinen Gedanken können sie nämlich nicht anders sein als wie du sie dir denkst bzw. glaubst dass sie sind. Das gilt für die gesamte Denke, auch deine wechselnden Weltbilder. Deine Bilder wechseln wie im Film, der Projektor bleibt gleich, so wie die Spiegelbilder sich wandeln, aber der Spiegel immer derselbe bleibt.

Und du hast damit natürlich von deinem Standpunkt aus immer recht, aber jeder andere halt auch, und das ist die „harte Nuss, die Kopfnuss" an welcher man ordentlich zu knabbern hat.

La Source, die Quelle sämtlicher Erfahrung IST MAN(N), FRAU auch immer erst mal SELBST.
Auch diese Symbolik gilt's zu verstehen, also geistig zu erfassen, zu begreifen, so wie alle Gleichnisse in diesem Buch das du grad liest.
So verändern sich die Buchstaben, Worte, Sätze, ja deine Informationen hier, aber DU SELBST eben nicht.
Schuster bleib bei deinen Leisten und du Leser-in bei der Wahrheit.
Am Anfang, am Ende sowie dazwischen, vorher, nachher und überall bIST DU.

Erfahrungen kommen und gehen, aber das Erfahrende, sprich Du Selbst (B)IST und zwar immer unverändert.
Du als Bewusstsein wirst immer etwas zu erleben haben dessen du dir bewusst bist.
Nicht unähnlich einer Jukebox, wo viele CD's drin sind, ist's Leben eben das abspielen von unendlich vielen Möglichkeitsvarianten. Wenn ein Song fertig gespielt ist gibt's den nächsten an den du denkst und somit ist der alte, der eben noch dagewesene hinfällig. Jedesmal wenn etwas Neues entsteht ist's vorherige nicht mehr.
Sämtliche Lieder einer CD sind schon auf ihr gleichzeitig drauf, d.h. auch wenn wir gerade

live eines hören, ist der letzte Track doch auch schon da. Die Mukke oder Mugge spielt allerdings immer bloß JETZT, in genau diesem Augenblick des Hörens.

Das ist's ewige Spiel oder wie's in Indien heißt, der ewige Tanz Gottes.
Wie du als Geist funktionierst ist eigentlich wunderbar, wenn du dICH verstehst, dein Geisteswerken, dann ist verstanden.
Verstehen, dass BewusstSEin nie und nimmer existieren kann, weil doch grade Alles Existierende schon immer im Sein Selbst IST. Existenz als Etwas aus dem Sein Kommendes bzw. im SEIN selbst Entstehendes ist nur eine temporäre Erscheinung und vergeht natürlich wieder ins Sein. Es heißt Bewusst-SEIN und kann durchaus zum SELBSTBEWUSSTSEIN werden, was es eh schon immer IST. Dieses bezeichne ich als DASEIN, während Existenz ein SOSEIN darstellt.
DASEIN = BEWUSSTSEIN, SOSEIN = EXISTIEREN.
SELBSTBEWUSSTSEIN - BEWUSSTSEIN - SEIN sind keine Gedanken. Denken, sich was Vorstellen ist immer das Existierende, nicht das SEIENDE, obgleich doch nicht voneinander getrennt. Jede Existenz wie Gedanken, kommen und gehen, aus'm SEIN ins SEIN und DU, ICH, WIR sind DAS ad infinitum.

Ein Ich, 1Du, 1Wir, nur ein eGott ist wirklich.

Es gibt nur EIN SEIN, bloß EIN BEWUSSTSEIN welches's „!CH" IST.
Durchblicken, von Blicken, also Sehen, ist dieses Verstehen ohne was zu verändern zu müssen und die augenblickliche Situation als Perfektion zu erkennen und diese auf Teufel komm raus, zu LIEBEN.
Liebe beginnt bei, mit und durch dICH. Liebe dICH und einfach Alles und du bIST auf nem guten Weg der gleichzeitig's Ziel ist.

Deine Symbiose beginnt mit der Zusammen-kunft vom Ich plus MEins. Erst im bewussten Zusammenleben als Geist (Intelligenz) und Denken (Intellekt) entsteht HEILheit, HEIL-igkeit, Holistik.
Es heißt Du, also der Mensch, sei das Maß aller Dinge, jedoch Wirklichkeit, Wahrheit kann man nicht messen. So ist dEIN Leben nicht nur Quantität wie Tage, Jahre etc., sondern eben auch Qualität wie Fühlen, Spüren etc.
Beides bIST DU, und doch noch so VIEL MEHR.

DU SELBST bIST eigentlich schon jenseits jeglICHer Polaritäten, schon immer jenseits von Gegensätzlichkeiten, denn das was sich widerspricht gehört zweifelsfrei zusammen, ist nicht getrennt voneinander. Du als der DENKER bIST nicht separat bzw. gesondert von deinen Gedanken, egal um was es sich dabei handeln möge. So lerne auch diese einfach zu Lieben und zu akzeptieren als das was sie sind, Geh-Danken.

Ursache und Wirkung, Aktion und Reaktion, Ich und die (meine) Welt sind in mir EINS, ungetrennt und doch kann ich's geistig unterscheiden. Letztendlich wie uranfänglich gibt's nur mICH, und dieses mICH beinhaltet Alles.

Oh Ja, schwer bzw. garnicht vorzustellen aber dennoch wahr, und das kannst du allerdings bloß für dICH SELBST rausfinden.

Erst das Gegenteil, der Widerspruch macht egal was, komplett, heil wie heilig. Die berühmte Apfelessversuchung vom Baume der Erkenntnis im Paradies, beinhaltet das Erkennen von Gut UND Böse. Hier könnte das Gut GOTT sehr nahe kommen, während das Böse jeglicher Existenz als Gedanke, Gefühl oder Körper als temporär zugeschrieben werden kann. Aber wie schon so oft erwähnt, laß dICH durch meine Worte nicht blenden und fang an Selber zu Denken. Dieses erzählende mICH bIST natürlich nur DU SELBST.

Die paradiesische Schlange, eine andere Bezeichnung für eine Welle(nform) deutet hier auf das, was wir umgangssprachlich Zeit nennen, halt das Veränderlich-Wandelbare, dass was vergeht um immer wieder etwas anders zu entstehen. Joch, Joga (Yoga) bezeichnet komischerweise auch diese Welle, Kurve, das Oben wie Unten von der MITTElinie.

Informationen über Alles sind in uns, wir aber projizieren sie in eine vermeintlich von uns da draussen unabhängige Außenwelt und stehen dann da wie der Ox vorm Berg. Berg ohne Tal, Hell ohne Dunkel, ich ohne irgendwelche Information, sowas gibt es NICHT.

Wir verwechseln eben das vermeintlich Äußere mit der zugrundeliegenden Information.

Alles IST schon immer in unserem Geist, in unserem Bewusstsein welches wir SIND und so hat EGOTT keine Chance nicht immer neu zu erschaffen.

Auch wenn's den Anschein hat, dass ich ab und an gegen einen Materialismus zu wettern vermag, so weiß ich doch auch um die andere Hälfte, der sogenannte Spiritualität. (Gemeint ist nicht die Modeerscheinung von Pop-Esoterik sowie Pop-Newage).

EIN Verstehen von Spiritualität plus Materialismus ist heilsam und das ist mEIN Gott-Mensch, das ist deine Essenz, deine und meine Wahrheit, ja das ist was du im Tiefsten als auch im Höchsten reinen (Selbst)-Verständnisses wirklich bIST.

Das Allertiefste sowie das Allerhöchste sind symbolisch halt Ein und Dasselbe.

Gestaltung, Formung findet durch In-FORMation statt, durch Ideen, eben durch's Denken. Wie im Kleinen, so im Großen obgleich's Kleine wie's Große nicht getrennt vonEINander IST. Intelligenz, Vernunft gehört zusammen mit dem eigenen Intellekt, dem Verstand. Mann UND Frau, Adam UND Eva als Androgyn. Man sagt uns, dass wir eine männliche plus eine weibliche Seite haben, Kopf und Herz machen eine Einheit, Körper und Umfeld oder Umwelt ebenso, genau wie auch DU DENKER und's GEDACHTE.

Ich habe als Symbol schon immer das Herz auf allen Büchern, wie auch auf diesem, und obwohl's Herz EINS IST, macht's dennoch in sich selbst Bum-Bum (Puls), die untrennbare, scheinbare 2, denn ein Bum funktioniert nicht. Die Atmung ist Dito. All DAS passiert ohne unser direktes Zutun (und dann auch wieder nicht) denn es geschieht automatisch. Klar, wenn ich mich erinnere den Atem zu beeinflussen, kann ich das, jedoch geschieht das Erinnern eben auch von SELBST.

Von Selbst ist immer Hier und Jetzt, in diesem Moment, in diesem Augenblick, eben gegenwärtig. Wir können wohl JETZT an Früher oder Später Denken, doch egal an was wir Denken, es geschieht immer JETZT. Sogar der Gedanke an's Jetzt passiert JETZT, aber wir suchen uns die Gedanken nicht wirklich aus, sie kommen und gehen von AllEin. Uns obliegt das Betrachten dieses Vorganges.

Du kannst dich nur für eine gewisse Zeit „wegbeamen", danach heißt's nämlich wieder retour und auf ein Neues. Deswegen ist dieses LIEBEN von Allem ja von so enormer Bedeutung, einschließlich s(d)einer Selbst.
Alles zu Lieben heißt mit Allem was grad IST total einverstanden zu SEIN. 100% Akzeptanz, Toleranz sowie Respekt zum Geist, zum Sein mit all seinen Existenten, egal ob gut oder schlecht, IST diese LIEBE. Ein anderes Wort dafür ist LICHT, ENERGIE, halt eGott. Niemand hat's je gesehen, aber man weiß drum, man spürt's.
Nicht unähnlich dem zuvor beleuchteten Wind und Wetter. Du siehst's nicht, aber du weißt und fühlst's. Als „Ding an sICH" unsichtbar aber doch REAL.

„Alles fängt im Kopf an", Ja, denn sogar dein Kopf fängt im Kopf an! Gemeint hier natürlich das Denken an den eigenen Kopf, die eigene BIRNE als GEISTES-LICHT. In diesem Geist, in deinem BewusstSEIN IST ALLES, und dies auch noch simultan. Das laß dir doch Bitte mal so ganz langsam auf der Zunge zergehen und überprüfe diese Aussage selbst für dICH.

In diesem Geistes-BewusstSEIN ist Alles enthalten und es gibt nix, was da nicht drin wäre, denn sogar das NICHTS IST Da.

Dein Kopf als was Ausgedachtes wird sofort beim dran Denken real, heißt er nimmt (im GEIST) Gestalt und Form an, wie Deine Augen, die sich selbst allerdings nie sehen können. Wir glauben ein Hirn zu haben, welches wir bei uns selbst aber nie zu GesICHt bekommen. In diesem, unseren Hirn entsteht laut wissenschaftlicher Neurologie BEWUSSTSEIN. Was für ein Quatsch diese Vermutungen doch sind, weil man uns diese so logisch präsentiert.

Denken wir jedoch nicht an unseren Kopf, ist er einfach nicht da. Alles Denkbare fängt also erst an zu existieren, so zu sein, wenn es von bzw. durch UNS Gedacht wird. Vorher besteht's eben halt nur als MöglICHkeit. Aber, Möglichkeit ohne Wirklichkeit ist nICHt.

Für Uns ist Alles JETZT Erdachte ein Fakt, also Echt, und wenns nicht mehr Gedacht ist, ist's Bye-bye.

„Aus den Augen, aus dem Sinn", scheint zu stimmen.

Sprache und Schrift in unseren Breitengraden erscheinen irgendwie getrennt, aber sind's nicht. Eigentlich gehört's ich bin nämlich zusammengeschrieben, also ichbin, IchBin,

ICHBIN. EG0TT ist schon so, die Verbindung bzw. Einheit von Ich (Ego) mit Gott als 1. GottMensch, YinYang, IchWelt, InnenAußen IST demnach ein und derselbe Fakt oder Prozess. DenkFühlen oder FühlDenken ist also meine Fühlosophie bzw. Philosofühlen.

Alles gehört Zusammen, wie auch Geist und Materie als GeistMaterie. Das IST was IST, nicht mehr aber auch nicht weniger.

Die Einigkeit bzw. Einheit ist keine bloße Theorie, sondern GELEBTES HIER und JETZT. TheoPrax & Co lassen grüßen als eigene Erfahrung. IST ALLES BEWUSSTSEIN, lösen sich die bis Dato so hart erlernten Unterschiede auf und's LEBEN IST LEBENSWERT. Uns DU bIST und kannst DAS. Sinn und Zweck solcher Bewusst-Werdungs-Übungen wie QiGong, TaiChi, Yoga, Meditation, Gebet usw. ist ein sogenanntes WiederErinnern, ein Erleben vom Leben selbst und zwar LIVE, HEUT, HIER, JETZT als vollkommen, perfekt, ungetrennt. Deswegen zählt eben nur dEINE eigene Erfahrung, deine Synthese, welche du Selbst bIST, und das schon IMMEER. (Leben kommt Ja aus'm Meer, welches ein Symbol für BewusstSein, Gott sowie dICH selbst IST). Du kannst keine Wellen vermeiden, da Meer plus Welle 1IST, MeerWellen, WellenMeer. Will sagen, kein Meer ohne Wellen, keine Welle ohne Meer.

EinsSein mit Allem was IST nenne ich All1Sein und die gebrauchten Wörter tragen ihren Sinn schon in sICH.

Wer lesen kann der lese und wie gesagt auch „zwischen den Zeilen".

Es gibt kein D"ich" ohne ein M"ich" und d.h. dann Wir oder Uns. Wie gesagt, Alles fängt im Kopf an, sogar das Herz obgleich nicht verschieden vom Kopf ausgedacht. Die wirkliche Wahrheit entbehrt jeder Beschreibung die Hier dennoch versucht wird dir durch dich selbst, näherzubringen.

Das Weltweit beste Buch zur Selbsterkenntnis bist du nunmal selbst. Du brauchst lediglich mit der Lesung zu beginnen. Egal wo, egal wann, Hauptsache du fängst mit deiner eigenen Selbstbetrachtung an. Der Rest findet sich sozusagen von SELBST.

In deinem eigenen Buch des Lebens ist deine ganze GeschICHte schon drin, und ist es ausgelesen - Du bIST der LESER - gibt's ein Neues. Tja, leider vergessen wir meistens das vorhergehende Buch und vom Nächsten haben wir noch keine Ahnung. Wir können jedoch HEUT, also HIER und JETZT SEIN.

Viele Eso-Leute glauben die Zeit(losigkeit) verstanden zu haben, fallen jedoch immer wieder in diese Vergangenheits -wie ZukunftsFalle einer im JETZT ausgedachten chronologischen Zeit.

Mit dir ist's nämlich metaphorisch genau wie mit diesen Zeilen die du natürlich auch bloß JETZT lesen kannst. Das Bewusstsein, das du als Leser nur immer JETZT liest ist beim Verstehen ein riesiges Aha-Erlebnis und das gibt's immer nur HEUT. Morgen wie Gestern sind gedachte AugenbicksGedanken, die einen mächtigen Einfluß auf deine Gefühlswelt ausüben.

Dieses JETZT ist Wirklichkeit, ist „die" Wahrheit, IST DAS WAS IST.

Jetzt ist undenkbar und doch erfahrbar, sozusagen dein momentanes Erleben LIVE.

Du kannst z.B. nicht sagen, dass es bloß JETZT gibt, aber der Urknall vor soundso lange stattgefunden hat, oder das Buddha, Jesus vor einpaar tausend Jahren gewirkt haben, dass es Steinzeit usw. gab, ja die ganze Geschichte, einschließlich der Dinos & Co, da du dir Beides JETZT Denkst bzw. Ausdenkst. Und genau hier verschwindet Realität und vermischt sich nur zu gern mit irgendeiner aufgeschnappten und weiter-gegeben vermeintlichen Folgerichtigkeit, die einem natürlich, weil's die Eigene ist, doch so stimmig erscheint, dass man garnicht drüber Nachdenkt und Infrage stellt. Selber Denken lohnt auch hier als NachDenken über die eigene DenkStruktur..

Die Weisheitsinformationen aller Kulturen beziehen sich auf die Funktionsweise deines *eigenen Geistes, deines Bewusstseins, ja deines SEINS in seiner Totalität. Egal welchen Namen wir dem SELBST geben, ob GOTT, ALLAH, TAO, ICH etc., es geht immer und immer wieder um ein quasi SELBST-VERSTÄNDNIS und das geht selbst-verständlICH nur ALLEIN.*

Auch wenn man glaubt es handle sich um Sachen außerhalb Einem selbst, bIST doch DU der wahre (Ur)Grund, dass das so IST.

Es geht eigentlich ja immer bloß um DICH.

Wir nennen einen Menschen der sich wirklich für sich selbst interessiert Egoist, denn EgoIST nunmal ein integrativer Teil vom Ganzen. Guck mal denn Wortsinn etymologisch an bzw. nach und laß dich überraschen. Mach das mal mit deiner sogenannten Alltagssprache. Wir erleben doch fast täglich unseren Turmbau zu „Bab(b)el" ohne (r)echte Kommunikation im Miteinander.

Wenn Alles in deinem GEIST IST, bist du natürlich bzw. deine Denke auch darin inklusive.

ALLES, was es auch sei, passiert im Bewusstsein und dieses Bewusstsein bist DU, wirst es allerdings nie als ein Objekt wahrnehmen können.

Du bist das Denken bzw. der Denker welcher selbst nicht gedacht werden kann. Die gesamte Weltgeschichte dreht sich nur um dich, weil sie sich nur in dir, im Geist selbst abspielt.

So entspann dich mal und sei dein eigener Zuschauer. Sieh dir selbst bei deinem Verhalten wertfrei zu und VERSTEHE's.

Wir wollen und sollen uns immer anders Benehmen, anders Verhalten, also anders Sein als wir grad sind, doch das geht meist nicht so einfach. Sind wir nämlich diese Traumfigur die wir glauben bzw. denken zu Sein, sind wir unsere Gedanken. (M)Einem Gedanken braucht man nix zu erläutern, da er eh kommt und geht. Der Denker ist's Wichtige, zusammen mit dem Fühler, dem Erleber des Erlebten. Heut, Hier, Jetzt halt Live-Beobachtung ist der Schlüssel zum Selbstverständnis.

Nur ein Träumer träumt und das ganze Träumen passiert sozusagen in seinem Kopf. Was da als scheinbar „Draussen" klassifiziert wird, ist in Echt im Träumer, und nur dieser kann sozusagen Erwachen.

Schon mal erfahren, dass du dir's TRaum-erleben garnicht selbst bestimmst? Ist alles was du so farbenfroh und echt „Phantasierst" in der eigenen Cabeza?

Dir obliegt es jedoch eine vollkommene Akzeptanz all dessen an den Tag zu legen und diese (Tag)Träume zu lieben, mit allem was dazugehört.

Dein Traum ist dEIN ganz Persönlicher und als Träumer bist du von nix in deinem Traum verschieden, so wie du nicht getrennt von den, deinen Gedanken bist.

Als Geist an sICH, bIST du nicht existent und kannst somit weder entstehen noch vergehen. Mit anderen Worten, DUBIST schon immer DAS.

Und Geist schreibt und liest gerade diese Zeilen, dieses Buch bloß um sICH SELBER zu ERLEBEN. Ich und diese Worte erscheinen doch grad in deinem Bewusstsein. In diesem Bewusstsein ist ALLES und gleichzeitig ist's NIX bzw. das NICHTS.

Beides nicht vorstellbar aber doch die Wahrheit und die einzige Realität.

Erfährst du dICH als den ungedachten Denker, als dieses unbeschreibliche Bewusst-Sein selbst, das Unvorstellbare, dann weißt du um deine Geistigkeit, deine Unsterblichkeit, um den schon immer Seienden GottMensch.

Mind and Matter, Geist und Materie sind nicht 2 verschiede Sachen, sondern im wahrsten Sinne des Wortes, durch dICH entzweit, heißt NICHT2.

Die im JETZT gedachten alten Traditionen aller Kulturen, seien diese Religiös oder Spirituell, sagen genau dies in ihren Heiligen Schriften.

DU bIST's um was es wirklich geht und schon immer gegangen IST, DU SELBST bIST dEIN Weg als auch dEIN Ziel.

Wenn du dich selbst suchst, wirst du das finden was sucht, aber nie das SELBST.

Gemeint ist hier ein objektives, existierendes SELBST. Ganz einfach, weil du DAS BIST. Du „BIST" Bewusstsein, du hast es nicht.

Deine Stimme im Kopf, der du gerade beim Lesen dieser Worte zuhörst kommt eben aus diesem Bewusstsein. Es ist dein inneres Sprechen dieser Sätze, dein inneres Hören deines Monologes, welcher scheinbar von woanders kommt bzw. woanders entstanden ist. Aber all das ist's JETZT.
Deine Stimme spricht fast permanent zu dir, in beiden Traumwelten, des Tags wie des Nachts aber Du bIST sozusagen „der Wisser" um dieses Geschehen. Du bIST das Unveränder-liche.
Oh Ja, Wiederholungen, Wiederholungen……

So wie man ein Pfund Gold zu diversen Dingen wie Schmuck, Ringe, Halsketten, Armreifen, Uhren, Barren, Schreibgeräte und vielem mehr verarbeiten kann, ist's und bleibt's doch immer Gold. Das Gold in all den Sachen ist schlicht Gold.
Wasser ist auch immer Wasser, egal in welchem Gefäß es sich befindet und auch scheinbar diese Form des Behältnisses annimmt, es ist und bleibt sICH Selbst.
In dieser Art bist du das auch, egal ob bewusst oder unbewusst, du bist immer du, der oder die EIZIGE.

Meist sehen wir das, was wir logischerweise zurecht spinnen, und fast nie bloß die Tatsachen. Klar, bist du erst einmal bei der Wahrheit und ausschließlich bei und mit ihr, kommt's vielen so vor als währst du irgendwie etwas gefühlskalt, etwas abseits, einwenig apathisch. Sympathie wie Empathie sind neue aufgemotzte Schlagwörter, deren eigentlicher Sinn den meisten verborgen ist. Der findet sich im Altgriechischen.

Für Otto Normalo macht ja sogar Sprache eine Evolution und so wird weiterhin ge-babbelt ohne die geringste Ahnung des Sinns von Worten. Worte als interner Monolog haben Macht, Macht einen sogar krank zu machen. Das Gegenteil trifft hier selbst-verstänlICH auch zu. Achte mal auf deine Denke, deine innere Stimme und guck mal was deine Selbstgespräche für einen Sinn ergeben.

Denn auch DAS HIER IST EINES und nicht nur für dICH!
Selbstgespräch ist eigentlich richtige Kom-munikation, ja sogar Kommunion mit sICH SELBST, denn wenn wirklich verstanden ist, das Alles in deinem Geist, sprich Bewusstsein ist, dann sind sogar die „Anderen" in dir. Ergo ist SelbstGespräch mit sICH selber Sprechen, eben KommUniKation, im Grunde nur EinsSein.

Es gibt wahrlich nur dICH, die EINheit als VIELfalt, das NICHTS als ALLES.
Jegliche Trennung ist lediglich fiktiv.

Rein intellektuelles Erfassen hilft da wenig, Wahrheit will empfunden sein und zwar von dir, in dir, mit dir, durch dICH. Spüren, Merken, Fühlen ist die andere Hälfte, ist die Qualität der Quantität.

Viele fragen, was zu Tun sei, doch da ist nix zu Tun, nix zu Machen, nur Achtsam bzw. Aufmerksam SEIN, eben diesen Moment live erleben so wie er sich zeigt bzw. zeitigt. Probier mal etwas mit deinen Sinnen zu erfahren ohne dass du's interpretierst. Interpretation ist nämlich wie ein selbst-ständiger Mechanismus geworden, der so raffiniert scheint, dass wir ihn kaum mehr wahrnehmen. Zur Kenntnis nehmen ist halt auch eine Kunst die Wiedererlernt sein mag.

Du als dICH selbstbeobachtender Betrachter bIST natürlich immer Derselbe, doch dein Körper ist Dergleiche in Veränderung. Du als dein Ich warst immer schon genauso wie jetzt, eben immer schon DU, unabhängig vom dir erscheinenden Alter(ungs)prozess.
Du bist den ganzen Tag über der Selbe und Nachts beim Träumen auch.

Das WAHRNEHMENDE ist wohl nicht getrennt von seiner Wahrnehmung bzw. dem Wahrgenommenen, jedoch FREI davon.

Wiederholungsgefahr - ALLES WAS IST IST HIER UND JETZT!

Verstehen wir das mit der Zeit und dem Raum nun als ZeiTRaum, TRaumZeit?
Ist diese hier von dir nun gesprochene Ausdrucksweise wirklich so verkehrt? Wollen wir immer noch den gewohnheitsmäßigen Denkstatus sowie unser Sicherheitsdenken beibehalten, auf das sich ja nichts verändere, oder sind wir mittlerweile bereit Fehler zu machen, uns ins Unbekannte zu stürzen um letztendlich wirklich zu Wissen Wer und Was Wir Sind? Mit InterEsse, ZwischenSein, so könnte man unsere meist unbewusste Existenz beschreiben.
Du, wenn du das liest, bist allerdings auf nem ganz anderen Trip, nem Roundtrip, wieder zu dir selbst.

Des Menschen Geist beeinflußt natürlich seinen Körper durchs Denken wie Bilder im Kopf, durchs Fühlen im Herzen, sowie die Kraft im Bauch. All das zusammen gibt Anlass zum eigenen Verhalten. Doch All DAS ist im Bewusstsein und nirgends woanders und wir sind dieses Bewusstsein selbst. DAS, was vor irgendetwas, also auch vorm Anfang IST. Mind does Matter, also beob8e your own MIND mal für ne Weile und find selbst raus ob's stimmt. Der ganze Bewusstwerdungsprozess ist rein Geistiger Natur. Nur Geist kann Geist verstehen und genau deswegen diese Innenschau, der Rest folgt automatisch von SELBST.

Von wegen; „never mind it doesn't matter", das Gegenteil ist der Fall. Die Kontrolle zu verlieren, die man eh nie gehabt hat, ist's Abenteuer Leben Live.

Die Literaturklassiker aller Weisheitstraditionen stimmen, aber an den uns beigebrachten Übersetzungen hapert's gewaltig. So bekommen wir leider schon vorgefertigte Geistesnahrung, welche ähnlich den Lebensmittel, halt nur noch Füllstoffe sind und blinden Glauben voraussetzen. Institutionen, egal welche Eso-Unart betreffend, machen uns immer wieder dieses berühmte X für ein U vor. Und wir Deppen, glauben dem BS-Gelabere auch noch. Fängst du an wirklich geistreiche Fragen zu stellen, sind die großen Kirchen, die großen Wissenschaften sehr schnell am Ende mit ihrem Latein. Wir sind in unserem eigenen Trott gefangen, eben zu Trotteln geworden und besitzen nicht einmal den Mut dies wahrlich zuzugeben.

Egal ob „echte" Bibel, Thora, Tao Te King, Bhagavad Gita, Koran, Veden & Co, enthalten die richtige Wahrheit der einen Wirklichkeit die Du Selber bIST. Wie diese kleine Schwarte hier sind sie Weg-Weiser in dein innerstes Innere, dem Geist, Gott, Bewusstsein selbst. Solange wir uns nicht kennen, kennen wir wirklich Nix, aber glauben die Weisheit mit Löffeln gefressen zu Haben.

Solange unser eigener Verstand im Widerspruch zu einem Anderen steht, ist die unsere Denke doch noch nicht vollständig. Du bIST vollständig, vollkommen, perfekt und zwar schon immer.

Also, Erkenne dICH SELBST.

Würdest du dich nicht auf irgendeine Art und Weise fürs EGO interessieren, würdest du nicht bis hierher gelesen haben. Und wenn man das Wort Zufall als gesetzmäßiges Zustandekommen von EGAL WAS auffassen kann, so ist deine Jetzige Lesung eben nix Zufälliges.

Geist schreibt diese Zeilen, Geist liest diese Zeilen, und wie beim Highlander, „es kann nur EINEN geben", GeIST ist gemeint.

Dieser Geist bIST DU, dieses Bewusstsein bIST DU, dieses Selbst bIST DU, ja dieser EGOTT bIST DU. Und du hast keine Chance das nicht zu SEIN, also spiele dein Spiel „with heart and soul", und glaube nicht, das da irgendetwas getrennt voneinander sei und speziell nicht von dir.

Gegenwart ist die einzige Zeit die echt ist, alles andere sind mentale, aber dennoch JETZT gedachte Zeitkonstrukte. Wie schon erwähnt ist LIEBE ein EinverstandenSein mit sICH SELBST, mit dem WAS IST, auch mit seiner eigenen Denke. Doch meist wollen wir's anders als es IST, wollen immer das Haben, was wir grad nicht haben und verlieren somit das „SEINHABEN", also die Synthese aus den Augen des Augenblicks gegenwärtigen ALL1SEINs.

Was soll ich machen Um Zu…(?) was auch immer, dabei geht's doch bloß ums Verstehen. Verstehen kann ich aber nicht machen bzw. nicht tun, sondern nur SELBST-SEIN. Es gibt allerdings eine Menge Angebote, welche dich durch Mittel, Techniken wie diverse Methoden locken sie wahrzunehmen. Schlußendlich will man dir „seine kleine Wahrheit" bloß verkaufen.

Es scheint viel schwieriger sich selbst auf den Weg (nach Innen) zu machen als einfach von Anderen Vorgegebenes zu konsumieren. Geführte Medis, aufgestiegene Meister, positives Denken, NLP, Chakra -und Aurareinigungen, Autosuggestionen, Hynose usw. usf. werden liebend gerne in Anspruch genommen, anstatt sICH mal ernsthaft und kritisch mit sICH SELBST zu beschäftigen.

Und wie gesagt, der Weg nach Innen ist rein geistiger Natur, und den kriegst'e nicht durch Vegan, Vegetarisch, weder als Fitness Yogi noch als Bücherwurm (weswegen meiner, deiner, unserer Worte bald genug sei).

Hier ist der Raum, Jetzt ist die Zeit zum SEIEN für sICH SELBST bereit und das auch noch mit HerzensFreud'.

Ein kleiner Ausflug in die Symbolik. YinYang kennen die meisten irgendwoher. Die sich aneinander drehenden Tropfen(Fische) mit dem jeweils gegenpolaren Punkt haben eine gewisse Attraktivität im NewAge-Eso-Kult. Sie stilisieren Einheit als Polarität in dynamischer Harmonie. Zwei Extreme, SchwarzWeis als EINS, als ein untrennbares Ganzes.

Wie die beiden Seiten unserer Medaille ja auch die ganze Medaille ist. In unseren Breitengraden haben wir das Kreuz als Zeichen des sogenannten Christus-Bewusst-Seins. Zwei Balken, EIN Kreuz.

Die Figur eines Jesus steht fürs Christus-bewusstsein, sowie die Figur eines Siddhartha Gautama für das Buddhabewusstsein steht.

Da's aber bloß EIN BEWUSSTSEIN gibt, ist's Christus -wie's Buddha-Bewusstsein identisch, man vergleICHe auch Gott+Adam.

Übrigens gibt's diese wie ganz ähnliche Geschichten in vielen Kulturen.

Kreuz, YinYang, HalbmondStern usw. sind halt INDIVIDUELL, d.h. in sICH SELBST EINs, obgleich man sagen kann, es sind auch in sich selbst Zwei. Diese Eins plus die Zwei ist dann eine Drei, eben diese, unsere DreiEinHeit (Dreifaltigkeit).

Wir bezeichnen's als Körper-Seele-Geist, Gott-Ich-Welt, Selbst-Bewusst-Sein etc. pp. Viele Namen für EIN und DASSELBE wie Erleuchtung, Erkenntnis, Self-Cognition, Kosmisches -oder UniversellesBewusstSein, EinsICHt, Sat-Chit-Ananda, SelbstWissen, Verstehen, UnioMystika, u.v.m.

Laß dich von diesen Begrifflichkeiten nicht ums Ohr hauen, sie selbst sind nämlich Abstraktionen, DAS was IST WEISST DU wenn es an der Zeit IST 100%ig selbst, spürst's, ja lebst's.

Inspiration, Intuition, Instinkt, so könnte man deine 3EINheit auch nennen. Aber es geht hier nicht um irgendeine Namensgebung, sondern um deine eigenpersönliche Erfahrung live, um dein Erleben sowie um dein Lieben, um dich als Energie, als LICHT, als DAS worin ALLES IST.

Sogar deine Naturwissenschaft, die neu-materialistische Pseudo-Religion, erklärt dir ja, das Alles in dir, sprich in deinem Hirn sein muß, damit du überhaupt etwas wahrnehmen kannst. Ist schon lustig, wie diese Wissen-schaftler dann bei den einfachsten Fragen so richtig ins Stottern kommen. Dito mit unserer kirchlichen Priesterschaft, den Scheinheiligen.

Zwischen Priestern und Wissenschaftlern ist nicht viel Unterschied, beide verkaufen dir meist nur blind Geglaubtes. Erbsüde heißt, den gleichen Mentalmüll nicht hinterfragt weiterzugeben. Das Meiste dieser Leute ist einfach nachgeäfft. Das was man ihnen eintrichterte an sogenannt wissenschaftlichen Gesetzmäßigkeiten ward meist erdichtet und wird papageienhaft nachgequatscht.

Denke Selbst soll doch die Devise lauten, außer du bist auch dem schnöden Mammon hinterher. Schließlich geht doch ohne Gelder heutzutage nix mehr oder recht wenig. Horrende Kleingeistigkeit wo man hinschaut, aber zuerst sollte man natürlich die eigene erkennen, den eigenen Balken im Auge statt deines Nächsten Splitter.

Aber auch hier gilt, es IST alles gut wie's IST, denn sonst wäre es nicht so!

Gedanken, Gefühle wie Körper bedürfen (d)einer Belehrung nicht, erst recht nicht vermeintliche von dir mental ersonnenen Personen.
Und doch, wenn bewusst gedacht, gefühlt und sich bewegt wird, ist's persönlich-dynamische Harmonie. Wir aber sind Beides und Mehr, das Unpersönliche als auch das Persönliche.

Wenn du, lieber Leser, diese Buchstaben, Worte, Sätze und Seiten liest, bIST du immer noch Derselbe, lediglich deine Datensammlung wechselt. Das was auf den vorherigen Seiten steht, daran kannst du dich erinnern, aber die kommenden Seiten bleiben dir solange verborgen, bis du auf diesen bIST. Du musst um zu Verstehen, das Ganze lesen, denn du als Leser liest ja nur immer gerade diese Jetzige Zeile, Linie, halt den gegenwärtigen Satz.

Die Gedanken, Gefühle, ja deine Gemütsbewegungen entstehen dabei immer bloß Heut, Hier, Jetzt. Deswegen das sich NICHT Sorgen um's Morgen als eine sehr wichtige Lebensregel, denn wenn Morgen Morgen IST, IST's natürlich Heute.

Du hast weder Gestern etwas gemacht noch wirst du Morgen etwas Tun oder Haben, denn Machen, Tun, Haben IST immer nur JETZT möglich. Jetzt in diesem Moment, welcher ohne Anfang, ohne Ende IST, genau wie DU SELBST!

(Denn du kannst dich nicht an eine Zeit erinnern in welcher du nicht warst und kannst dir so eine Zukunft ebenfalls nicht vorstellen).

Gedanken plus Gefühle plus's Verhalten „Transzendieren" heißt, dass du diese nicht wirklich bist, sondern der Wisser um sie, sprich der Denker, das Bewusstsein oder's SELBST. Denken, Fühlen, Tun, Körper kommt

und geht, dein ICH IST und bleibt. Finde selbst raus, was jeglICHer Erscheinung zugrunde liegt. Es ist der Geist deines Bewusstseins ohne den es Nix geben kann.
Diesseits wie Jenseits ist nämlich auch Jetzt, gleichzeitig wie's DaSein und SoSein.

Unsere Trennungen sind rein spekulativer oder mentaler Art, in Wahrheit jedoch nicht vorhanden. Die materiellen und emotionalen Grenzen gilt's durch Eigenerfahrung zu Überschreiten.
Schau dICH an, alles was du zu SEIN glaubst bist du nicht (und dann wieder doch). Wenn du alles was du nicht wirklich bist negierst, IST DAS was übrig bleibt DUSELBST, GOTT, SELBSTBEWUSSTSEIN.
Das Verstehen von sICH SELBST nennt man Erleuchtung.
Transzendenz und Immanenz, das Grenz-überschreitende sowie das Drinnenbleibende, Enthaltene, bilden die vermeintliche Polarität in EINEMGANZEN.

Man (Frau auch) könnte auch sagen, dass das Relative bereits im Absoluten enthalten IST.
Klingt komisch, aber ist nur wahr und von dir selbst erlebbar.
SelbstBetrachtung, andere nennen's Versenkung ist der Schlüssel.

Willst du übers vermeintliche Draußen etwas lernen, seien es Tiere, Pflanzen, Mineralien oder deine Mitmenschen, kannst du dies durch Betrachten, das Beobachten wie auch bei dir selbst.

Mit und durch unsere Erziehung haben wir das GroßeGanze zerstört und nun suchen wir wieder diese verlorengegangene Einheit, doch wir suchen sie dort, wo sie nicht ist. Wie der Macher und Beobachter eines Experimentes, so versuchen wir ein Weltverständnis zu bekommen, welchen uns selbst sozusagen aus-klammert.

Wir haben vergessen, dass es ohne uns Nix geben kann und unternehmen (fast) nichts um diese Behauptung selbst zu überprüfen.

Wieso denn in die Ferne schweifen, wenn doch das Gute IST so nah! Eben, sICH zu Ent-Fernen, sICH wieder selbst NahSein IST's.

Geistige Klarheit ist wie der Wind, man sieht's nicht, spürt's jedoch und erkennt die Präsenz (die man natürlich selbst ist).

ÜbersinnlICH heißt, über die Sinne hinaus, gemeint unsere 5 Sinne, wobei wir mal wieder bei der Transzendenz landen.

Wir haben mehr als diese 5 Sinne wenn man die BauchKraft (Instinkt), das HerzFühlen (Intuition) sowie das KopfDenken (Inspiration) mit einbezieht sind wir schon bei 8, und das ist bei Weitem nicht's Ende.

Die sogenannten Religionen im sind durch uns zur Zeit sehr durch einem Austausch modernisiert, so werden Christen zu Buddhisten und vice versa und vieles mehr. Die asiatische Lehre von Ausstieg aus der Wiedergeburt fasziniert viele Pseudo-Esoteriker wie nur oberflächlich religiöse Menschen. In der Tiefe sind diese beiden Lehren jedoch sehr gleich, möchte sagen sogar identisch. Das Aussteigen aus dem (ewigen) Lebenskreislauf beruht auf eine tiefe, meist psychologische Angst bzw. materialistisch gesprochen, auf die (Miss)-Identifikation mit dem Körper, samt Emotionen und Intellekt.

Himmel und Erde geben ein Ganzes und DU bIST schon immer mittendrin, sozusagen die Nulllinie zwischen Oben und Unten.
Das Rad ist ein Kreislauf, der von den meisten leider aufgebrochen wird und so entsteht Anfang wie Ende wo doch beides nicht in Echt vorhanden IST. Anfang und Ende, Vergangenheit wie Zukunft, Ursache und Wirkung werden dadurch „nacheinander" wahrgenommen obwohl gleichzeitig DA.
Unsere Münze IST ja auch auf Einmal da, aber wir sehen immer nur eine Hälfte, WISSEN jedoch ums GANZE.

Nur Himmel ist nicht, kein Plus ohne das Minus, Kein Gott ohne wahren Mensch. Was

Oben ist ist gleich dem was Unten ist, und was Unten ist wird mal Oben sein und so geht'd ad infi ewig weiter.

Das Automatische, das von SELBST Geschehende, das von ALL1 passierende, das bIST DU SELBST, ohne wenn und aber.

All diese hier erwähnten Beispiele sind halt was zum Nachdenken, doch die wirkliche Selbst-Erfahrung beinhaltet aber auch die Stille, das Wissen.
Ich kann nur Unterschiede wahrnehmen, weißer Adler auf weißem Hintergrund wird nicht gesehen. Doch stell dir jetzt mal ein leeres, weißes Blatt Papier vor und guck mal bitte ganz genau hin. Kannst du dir es im Geist vorstellen, egal wie groß, ohne einen „anderen Hintergrund"? Kannst du dir überhaupt etwas „uni" vorstellen?
Aha, Nö ne?!
Bewusstsein ist EINs, hat kein Zweites, also willkommen in der normalen Dualität, da wo du doch unbedingt raus willst.
Deshalb, Verstehen Ist Alles!!!

SEIN offenbart sICH zyklisch als EINZyklus welchen wir nicht Haben sondern welcher DU bIST. Es ist wie EIN Jahr, was sich äußerlich in Frühling, Sommer, Herbst, Winter aufteilt, aber es ist und bleibt 1Jahr, 1 im Ganzen.

Anders, Alles was du als Träumer siehst bzw. erlebst kommt aus dir, noch anders, Alles was du TRäumst ist schon bevor dies geschieht in dir Selbst vorhanden. Kannst du selbst jeden Abend beim Selbststudium feststellen. Somit sind sämtliche ZeiTRäume schon immer in deinem Kopf bevor du sie zu GesICHt bekommst.

Deswegen lege ich soviel Wert auf die Selbstbeobachtung 24/7.

An Körper, Seele, mental wie emotional ist nicht zu verändern, denn das passiert eh automatisch. Aufwachen heißt einfach Bewusst Zu Sein.

Du braucht also dein Rollenspiel nicht umwandeln, brauchst nicht besser werden, nICHts dergleichen ist vonnöten, nur 8geben tut's schon.

Unser vermeintliches Glaubenswissen kommt eh nur vom Hörensagen und nicht aus unserer eigenen Überprüfung dessen. Wir haben's einmal so gelernt und damit Basta! Und schon wieder sind wir zum Menschen-Affen, zum Nach-Äffer geworden, meist ohne dies jedoch selbst zu merken.

8e mal drauf wie du tagsüber auf diverse Infos reagierst, du wirst erstaunt sein über die eigene gelernte Routinelogik, dein Re-AktionsProgramm.

Und wie gesagt (Jetzt grad von Dir), verändere Nix, Guck bloß, Schau und Lausche, das reicht vollkommen.

Jede von dir wahrgenommene Info IST, kommt also immer aus dir heraus als eine temporäre Existenz und bleibt solange existent wie du an sie denkst. Denkst du an etwas Neues bzw. Anderes, IST's Alte wieder nICHtig, Es löst sich quasi auf im Sinne von es zersetzt sICH wieder, verwest, bzw. stirbt. So bist du auch nicht mehr das Klein-Kind von früher, dies mußte weichen damit du dich entwickeln konntest. Du wie du dich aber jetzt wahrnimmst wird auch vergehen weil dein Greisentum bereits auf dich wartet.

Das Alles ist bereits schon vorprogrammiert, aber du erfährst es erst in einer Hier und Jetzt erdachten Zukunft. Der Hammer, gelle?

Wie bei einem Computerspiel oder einer Game-DVD sind jedoch alle Gegebenheiten, auch die interaktiven, schon in dir selbst. Und deine Traumwesen kannst du nicht erwecken, nur du als Träumer kannst erwachen und das ist dann BUDDHANATUR, ist's TAO, ist's CHRISTUSBEWUSSTSEIN.

Deutsch, lustige Sprache. So redet man von Aktion und Reaktion, obwohl ja im Wort ReAktion die Aktion schon integriert ist. Entfernen heiß nicht sich zu Distanzieren, sondern sICH ganz Nahe zu SEIN. Apathie ist keine emotionale Kälte, keine Herzlosigkeit, sondern ein NichtLeiden. (Sympathie ist Mitleiden sowie Empathie das eigene Leiden darstellt - schau mal nach'm echten Wortsinn). Sich in Bewegung-Setzen, Auf-Tauchen, Hinab-Steigen, Alter-Knabe usw. usf. Hier sind beide Hälften schon benannt als EINS.

ZeiTRäumliche Infos erscheinen in deinem Kopf, auch wenn an diesen Gedacht wird ist er auch in deinem Geistes-Bewusst-Sein.

Deine Bilder im Kopf verändern sich ständig, aber DU NICHT. Du bIST DAS Unveränderliche, was du dir nicht Ausdenken kannst. Du bIST Authentisch, Identisch immer nur mit Dir SELBST.

Aber du verwechselst ständig dICH mit deinen Gedanken bzw. deren Inhalten und das ist dein Geistesgefängnis was du weder sehen noch anfassen kannst. Echtes Wissen ist der Ausweg der immer schon DA IST und dieses echte Wissen erfährst Du eben nunmal, wenn du eine Denkpause einlegst. Laß deine eigene innere Stimme doch mal ruhen, gönne ihr ne Auszeit, ne Unterbrechung, Time-Out, Stopp.

Mit den Informationen die dir zur Verfügung stehen verändern sich deine ReAktionen, doch sämtliche Infos kommen ja aus bzw. sind IN DIR. Das, was sICH dessen bewusst IST, heiß hier BewusstSein und nicht etwa BewusstHaben. Dies IST auch gemeint wenn *vom ICHBIN die Rede ist. (Diesen Namen gibt GOTT sICH SELBST).*

Kannst du dir ein Buch vorstellen, welches bloß in der Gegenwart verfasst ist, wo du beim Lesen eine Vielzahl von Interpretations-möglichkeiten hast? Dieses Buch bIST DU und die Original-Bibel, nicht die punktuellen (Fehl)Übersetzungen.

In anderen Kulturen ist's ähnlich. Die Originalt-exte meinen meist etwas ganz anderes als ihre Übersetzungen oder teilweise sogar die dogmatisch - institutionelle „Möchtegern-VerDeutung" zum blinden Glauben.

Glaube also nicht einmal was hier drin steht, sondern fang an wirklich zu WISSEN, auch zu Wissen, dass du z.Z. Nix bzw. ganz Wenig Weißt. Je mehr du denkst oder glaubst zu Wissen, desto weniger ist's ultimativ, nur mag sich das keiner gerne selbst eingestehen.

So kriegen wir die meiste Information schön und vor allen Dingen so bequem vorgekaut, sprich mind-manipuliert dargereicht.

Kirche wie Staat wollen das du denen glaubst und ja keine eigene Meinung hast, denn dann bIST du für die Banausen unberechenbar.

Und das macht denen Angst.

Das vermeintliche Problem sind nicht un-bedingt bloß die Machthaber, sondern die sich unterdrückend Lassenden. Die derzeitige Macht zur bewussten Veränderung liegt im Einzelnen sowie dessen Gruppierung, wird aber mit feinpsychologischer Gewalt unterdrückt bzw. nicht zugelassen.

Die jetzt ausgedachte kleine Elite braucht die dumme Masse, aber diese „dumme Herde" ist nicht wie die Elite organisiert und traut sich aus Angst nunmal nichts.

So lassen wir uns lieber diktieren was Gut sein soll, anstatt es selbst in die Hand zu nehmen.

Und wisse, ich rede hier nicht von Revolte oder Ähnlichem, sondern vom Durchblicken.

Nicht unbedingt was wir „Wollen", sondern was nötig ist, was wir wirklich „Brauchen" könnte ein Kriterium sein bzw. werden.

In diesem Sinne ist es für „Die" recht praktisch uns mit TV, Bier und Fussball, Billigpreisen wie dauernden % Angeboten ruhig und klein zu halten. Und wir Volltrottel machen's auch noch mit.

Selbstdenken ist schließlich verpönt, passt nicht in unsere konsumroboterhafte Selbstzerstörungsschizophrenie von einem traumhaft schönen ökonomischen Leben bzw. materialistischer Existenz. Eine Lebens-Existenz aber ohne Sinn und Zweck, ohne Gott, eben ohne wirklich mICH.

Verrückt Sein, unberechenbar, nicht kontrollierbar und das mit allen Konsequenzen klingt komisch. So scher dICH mal 'nen Dreck drum was andere über dICH denken könnten, die denken nämlich genau das, was du sie Hier und Jetzt in deinem Kopf selbst denken lässt.

Egal ob „Mama-Deutschland", Let's make America great again, ein Papst oder der Dalai-Alpaka, oder sonst irgendeine Pappnase, sie Alle existieren grade so wie du sie dir ausdenkst und haben keine Chance auch irgendwie anders zu sein, denn sie sind deine eigenen Gedankenformen. Dito natürlich für das was du von dir selbst behauptest dass du bist oder zu sein glaubst.

Kopfkino ist's, nicht mehr.

Die gesamten Weltprobleme stehen und fallen mit deiner Denke.

Das, an was du grad nicht denkst, ist für dich simply nicht da, keine Realität.

Real ist für dICH, was du wahrnimmst, was du mit deinen Sinnen wahrnimmst, nicht mehr aber auch nicht weniger.

HEUT, HIER, JETZT IST EIN KONTINUUM, dieser Moment, ja, genau dieser Augenblick ist ununterbrochen, eben kontinuierlICH.

Kein Anfang in einer jetzt erdachten Vergangenheit sowie kein Ende in einer jetzt gedachten Zukunft.

Wir machen symbolisch und metaphorisch aus einem Zyklus, einem Kreis(lauf), eine Linie, eben unsere auch gedachte chrono-Logische Zeiteinteilung, die's in Echt aber nicht gibt. Anfang wie Ende, Ursache wie Wirkung sind nichts weiter als Ideen im Kopf, wie Alles andere auch, gedacht JETZT.

Ich sage ja hier immer und immer wieder, das du Träumer sämtliche Bilder in deinem Kopf hast. Übrigens fängt die richtige Bibel natürlich auch so an, nicht die Pop-Übersetzungen. „Panta Rhei"!

Es geht um dEINnen Geist, ums Bewusstsein selbst und nicht im wissenschaftlich hoch-trabende Theorien. Lineare Zeit, Chrono-Zeit ist Illusion, die aber so stark in uns verwurzelt ist, dass wir's nicht einmal mehr merken. Sämtliches Wahrnehmen, alle Gedanken, Phantasien und dergleichen existieren bloß immer JETZT und dieses Jetzt ist ewig, meint ohne Anfang in einem Früher sowie ohne Ende in einem Später, welche natürlich auch nur phantastische Jetzt-Gedanken sind.

Wie gesagt, dieses wirkliche Wissen, diese Wahrheit impliziert ne Menge an bis Dato Unvorstellbarem.

Und es ist an dir, (k)ein monuMENTALer Geistesakt, dieses Alles einfach zu Verstehen, zu Bereifen und geistig zu Erfassen.

Wenn du lebst, bIST du lebendig, wenn du tot bIST, bIST du tot, was wichtig IST, DU BIST.

Sagen wir nicht, er oder sie IST gestorben, IST tot, aber was meinen wir damit?

Geist stirbt nicht weil er ewiglICH IST! Du stirbst in Wahrheit auch nicht, denn Du bIST dieser Geist, das Bewusstsein, eben eGoTT.

Alle Träume die du träumst bzw. träumen kannst, sind sogar jetzt schon in dir SELBST. Es gibt NICHTS was nicht schon immer im Geist vorhanden IST. Pfeiff' dir das einmal rICHtig rein, es ist mind boggling, but MIND is ALL there is. So MIND does matter, Materie entsteht im BewusstSein, in deinem bewussten SEIN.

Die eigenen Interpretationen der persönlich gegenwärtigen Informationen macht dein Weltbild aus. Ohne WortBilder in deinem Kopf passiert nix. Doch obliegt es dir selbst, mit deiner Einstellung zu diesen Bildern, deren Qualität zu bestimmen. Du bIST letztendlich deine eigene Qualitätskontrolle.

Findest du deine Welt zum Kotzen, erscheint's dir so, findest du sie einfach genial und wundervoll, so ist sie dies auch.

Diese, deine Einstellung, nennt man halt deinen Glauben, der deine Weltbilder im Kopf interpretiert.

Hier ist das Was die Quantität und das Wie die Qualität über welche du selbst bestimmst, ob nun bewusst oder unbewusst ist dabei gehupft wie gehechtelt oder Jacke wie Hose, mit anderen Worten, halt 88, egal.

Über Quanti wie Quali bIST nur DU SELBST der Herr und Meister und deine eigene Einstellung dazu ist die Schlüsselfunktion.

Der Stein der Weisen, das alchemistische Gold, die Unio Mystica, die Gotteserkenntnis, die Erleuchtung usw. sind allesamt Beispiele von Bezeichnungen der EINEN WAHRHEIT welche DU schon immer SELBST BIST. Du, der Träumer, der Wisser, der Denker, das Selbst, das All, das Sein und wie wir's auch nennen mögen, bist nicht getrennt vom Denken, Wissen, ja von dir als GOTTSELBST. Dieses GEWAHRSEIN haben wir nicht, wir sind es.

Ein gewisser Meister Eckhart nennt's „GodHead", also den Kopf Gottes welcher ultimativ der DEINIGE IST.
Dieser GottKopf ist aber nicht deine vermeintlich physisch ausgedachte Birne samt ihrer grauen Grütze, sondern so wie ein Baum in der Erde wurzelt, so „wurzelst Du im GEIST", GodHead der Du SELBST bIST.

Oh Ja, ich weiß, WDH sprICH Wiederholung, aber's wirklich wahre Verstehen verlangt's so. Übung macht bekanntlich den Meister, obwohl wir alle doch schon längst vom Himmel gefallen sind um als sogenannte Erdlinge im eigenen Traum zu ErSchEINen.

Diese radikal neue Denke schießt den Vogel doch ab, den bloß nachplappernden Papageienpiepmatz einer kleinlogisch aber *von Klein auf super indoktrinierten Glaubens-vorstellung.*

Körper hab ich - bin ich nicht, Gefühle hab ich - bin ich nicht, Gedanken hab ich - bin ich auch nicht (stimmt und stimmt gleichzeitig auch nicht, also versteh's einfach). Das, was ich stofflich, egal ob grob -oder feinstofflich, nicht bin, das bin ich als ALL1SEIN doch trotzdem irgendwie auch.

Ich sage ja, meine Kontradiktionen lassen Grüßen indem sie echt ZUSAMMEN gehören. Sie sind nämlich EntZweit, sprich EINS. Du bIST, warst und wirst HierJetzt immer der Träumer seiner Träume SEIN, egal ob TagTRaum oder NachTRaum, denn ES geschieht von ganz ALLEINe. Zeit und Raum ist ZeitRaum-Kontinuum oder wie hier, ZeitTRaum (TRaumZeit).

Du hast nur die Aufgabe der Aufgabe, nämlich DurchZuBlicken und zwanglos zu Verstehen, dICH SELBST natürlich, denn außer dir gibt's eh nix. Diese Art und Weise zu Denken erscheint recht ungewohnt und anfangs recht radikal, denn sie schmeißt deine Konzepte so durcheinander, dass du dich neu sortieren kannst. Das Abenteuer Leben und Tod, Geburt und Sterben, Aufwachen und Ein-schlafen sagt dir immer nur live Hallo.

Natur zeigt sich dir auch als Zyklus, als ne Art Kreislauf von Tagen, Monaten, Jahreszeiten, Saisonen, Epochen oder gar Äonen. Aber Natur ist auch im Kopf, also deinem Inneren, dem Bewusstsein bzw. dem Selbst schon inne, genau wie jedes Zeitkonzept (Raum-konzepte inklusive).

1000 Jahre wie 1 Tag und 1 Tag wie 1000 Jahre steht im Biblischen.

Das Verständnis des zugrundeliegenden Prinzips IST wICHtig, nicht eine vermeintlich zeitliche Länge, wie alles auf einem sich drehenden Rad mal Oben und mal Unten erscheint. Halt wie Oben, so Unten!

Wo ist Alles Ausgedachte denn im Tiefschlaf, ja wo bist du selbst im Schlaf?

Glaubst du die Welt bleibt bestehen wenn du schläft?

Dein Überzeugung redet dir dies aber doch ein, oder etwa nicht?

Dass das Selbst das einzig wirklich Wahre ist, ist so ungewohnt für uns, dass wir's erstmal über Bord werfen anstatt wenigstens diese Möglichkeit mal in Betracht zu ziehen. Sei's als Idee oder sonst was, aber bitte sich damit Befassen und nicht sofort ausschließen.

Größe zeigt sich nicht durch direkte Verneinung, sondern durch Offenheit für andere Denkansätze, die man selbst im eigenen Geist erkunden kann. Ein frischer

Spiritwind bringt vielleicht dem aufgeschlossenen Adepten etwas ganz und gar Neues. So unglaublich es auch klingen mag; bist du mit ner anderen Logik bzw. Denkart nicht einverstanden, ist deine eigene noch nicht groß genug. Zu allen Zeiten gibt's die Wahrheit, und doch kümmern sich die Wenigsten drum. Der Weg-Weiser zeigt nach Innen (natürlich nicht ins nie selbstgesehene eigene Hirn).

Tatsachen, Fakten, Realitäten sind Hier und Jetzt nachvollziehbare Wirklichkeit. Weisheit in diesem Sinne ist halt auch größer wie die Summe an Wissen.

Neue Theorien und neue Praktiken gehen Hand in Hand und lassen EINen SELBST Erkennen, dass ein ultimatives WISSEN nur der Denker Selber IST, sprich DU!
Denker, Träumer, Geist, Gott, Selbst, ICH, Bewusstsein, Alles Worte fürs Selbe, denn es gibt nur DAS, das ist Realität.
So ist letztendlich das Gewahrsein an sICH, die totale Subjektivität das wonach wir suchen. Wir suchen und finden das was sucht, weil das Gesuchte wir selbst SIND.

Wir SELBST sind in dieser Metapher UNFINDBAR und trotzdem wissen wir, dass es uns gibt mit absoluter SICHerheit, weil wir WAHR SIND, es UNS ECHT GIBT, aber nicht so wie wir uns selbst Vorstellen bzw. Imaginieren. Wir sind nicht getrennt, von Nix und Niemanden, weder von einer Innenwelt noch von einer vermeintlichen Außenwelt, weder vom Denken und Fühlen, noch vom Tun und Machen. Punktum, WIR als ICH IST ALLES und NICHTS, frei aber doch verbunden, zusammen, EINS.

UNS kann als WAHRHEIT, als BEWUSSTSEIN selbst, NIX PASSIEREN!

Ich Selbst bin der Betrachter von Allem, frei aber dennoch nicht getrennt, nicht verschieden von dem, was in meinem Geist auftaucht, seien dies Gedanken, Gefühle oder sinnliche Wahrnehmungen. IchBin's Ge-Wahrsein selbst und Gewahrsein lebt, existiert nicht, Gewahrsein IST.

Leben wie Tod passieren im Gewahr -bzw. Bewusstsein. Es ist dieses im wahrsten Sinne des Wortes „Unfassbare", was unserer wirklichen Realität entspricht. Selbsterkenntnis und andere Ausdrücke sind gemacht um das, was vor jedwelchem Anfang ist irgendwie zu Beschreiben.

Unser physikalisches Leben ist ein Teil dessen, wessen wir uns mit Achtsamkeit bewusst sein können, doch es bedarf einer neuen persönlichen Einstellung dazu.

DEin persönliches Erleben des Unpersönlichen ist hier gefragt, wie das geht, musst du allerdings für dICH SELBST rausfinden.

Die eigene Selbstbeobachtung ist ein guter Schritt in die richtige Richtung.

Das Unpersönliche ICH-BEWUSSTSEIN ist sozusagen die andere Hälfte vom reinen SEIN an sICH. Klingt wenn man's so liest erst einmal nach riesiger Verwirrung, ist's wenn man Geistig die Gedanken nach -bzw. mitempfinden kann aber nicht.

Da nach dem Spruch, dass das Ganze größer als die Summe seiner Teile ist, geht's hier mit richtiger „Geistesarbeit" zur Sache. Diese „Große und Ganze" ist eben nicht Vorstellbar, ja nicht einmal denkbar, sonst wäre BEWUSSTSEIN ja etwas bloß Gedachtes, und das ist nicht der Fall. Bewusstsein ist die wirkliche Wahrheit, und die ist nicht an Gedanken-Spekulationen angewiesen.

Den Gott welchen wir suchen, finden wir nicht, da ER schon immer VOR Irgendetwas IST. In diesem Sinn „EX-istiert" Gott auch nicht, denn alles was existiert ist aus was Bitteschön „Heraus"-getreten wenn nicht in, aus und durch sICH SELBST. Fremd klingt die Kunde hier für den normalkonditionierten Verstand, denn das ist eben was ganz Anderes als wir's durch unser akzeptiertes aber materialistisches Weltbild vermittelt bzw. eingetrichtert bekommen.

Eine eigene, offen für Andersdenkende, Logik, welche im Widerspruch, also dem Gegen-Teil zu eben der eigenen steht, macht erst die ganze Sache rund oder auch komplett. Eigentlich könnte man sogar meinen, dass man alle anderen Meinungen so integrieren müsste. Das ist „der Nagel auf den Kopf getroffen", denn gibt es da noch was mit dem wir nicht einverstanden seien, so ist diese (bedingungslose) LIEBE nicht im Geiste verwirklicht und auch noch nicht verstanden.

Deine, meine, UNSERE Informationen ändern sich ständig und die vorherigen lösen sich im selben Moment auf indem wir etwas Anderes, Neues Denken, Fühlen, Tun. Das sind Tatsachen, die durchaus selbst zu überprüfen sich lohnt.

Bye bye altes Weltbild und Welcome mal ohne eine persönliche EinBildung. Hier entspricht die Einbildung dem Glauben an…, aber nicht wirklichem Selbst-Wissen.
Und wir wissen doch, „Einbildung macht stark", jedoch nicht unbedingt geistreich und weise.
Weltbilder, Modelle, Paradigmen usw., das Alles ändert sich bzw. wird geändert, je nachdem welcher Glaube vorliegt und durch Überzeugungskraft in den vorherrschenden ZeitGeist sprich Uns, eingepflanzt wird.
Es geht ums Entscheiden, also Ent-Scheide dICH, denn auch du bist noch Ge-Schieden, sprich 2 oder mehr. Körper-Geist, Denken-

Fühlen, Sein-Nichtsein, Wachen-Schlafen sind bloß ein paar Beispiele von Entweder-Oder, Sowohl-Als Auch, Weder-Noch. Alle drei scheinen eine gewisse Gültigkeit zu besitzen, dabei beginnt jede Gültigkeit doch im eigenen Kopf, ob bewusst oder nicht.

Die Idee des eigenen Kopfes entsteht doch aber auch im Geist, im Bewusstsein, in GodHead, im und von SELBST.

Wo Einheit IST, ist keine 2, kein Dualismus, keine Getrenntheit, ja noch nicht einmal die sogenannte Verbundenheit. Mit was sollte Einheit denn auch zusammen SEin als mit sICH SELBST?!

Der Ich-Bezug nur auf den eigenen Körper ist schlicht und einfach unrichtig, doch bekommen wir diese dogmatische Misslehre schon mit in die Wiege gelegt. In Wahrheit sind wir „alle Körper" und gleichzeitig kEINer. Mit alle Körper meine ich hier natürlich auch alle Körper, nicht nur unsere als humanoide MenschenAffen-Erscheinung.

HomoSapiens, der EinWissende heißt's doch, doch sollen unsere Vorfahren Affen gewesen sein. Wer's glaubt wird (un)selig. Und genau das ist's, nix als Glauben, ergo kein Wissen, nur theoretisches Gedankenspiel.

In unserer (Natur)Wissenschaft und (Volks)-Religion hat der Materialismus mittlerweile das Sagen, denn auch da geht's immer nur um die heiß ersehnte Kohle, Bakshish, das Moos wie wir wiederum glauben, ohne das nix los ist. Dass diese vermeintlich materielle Welt in uns ist, das heißt im Träumer bzw. Träumenden, das fällt niemandem so richtig auf. Wie soll's auch, wenn unser gesamtes „Mindset" auf ein psychologisch-körperliches Pseudoüberleben ausgerichtet ist.

Und apropos Überleben, wir überleben als Geist eh immer und immer wieder Alles, nicht als Körper.

Das was wir wirklich sind, ist nicht das was wir denken bzw. glauben zu sein!

DAS Was Wir Wirklich in Wahrheit Sind ist Unbeschreiblich, nur Selbsterfahrbar bzw. Selbstwissbar. Verbindung, Beziehung, Ungetrenntheit ist das Gewahrsein selbst, ist's eigene bewusste Wissen, ist Selbsterkenntnis LIVE, HIER, HEUT, JETZT.

Ist das mal verstanden, kannst du nie zu dem WERDEN was du immer schon bIST.

Die (Selbst)Suche IST gut, denn ohne sie kannst du nicht Finden, das Fragen IST gut, denn ohne es gibt's keine Antworten, das Leben IST gut, denn ohne gibt's keinen Tod und ergo keine Wiedergeburt (Ob8 - hier in meinem Sinne gemeint).

DaSein, SoSein, NichtSein, Alles Ein und Dasselbe. Show must go on!

Das Wahre, das Gute, das Schöne sind wir doch als Bewusstsein, als Geist, als Liebe, als Licht, als Energie immer doch schon immer SELBST.

DAS was IST kann man, bedingt durch die Sprache selbst, bloß anhand von Gleichnissen, Metaphern, Parabeln, Märchen, Sprichwörtern, eben GeschICHten ausdrücken, und diese gibt's fürn Interessierten in allen Ländern und Kulturen en masse. Mach sozusagen das geistige Auge mal auf, denn sämtliche Informationen sind bereits in dir vorhanden. Es IST dEIN GeIST.

Ein Gutes Gewissen ist ein sanftes Ruhekissen. So Wisse um die Weisheit an sICH.

Der Geist des Geists oder the Spirit of Spirit…, ist ein bisschen so wie Karate, was ja „leere Hand" bedeutet. (Beim Karate ist damit ein UnbewaffnetSein gemeint, denn in einer Faust oder offenen Hand ist nix drin). Ich hingegen rede Hier mehr vom Geist des Geists, denn auch dieser enthält durch sICH SELBST NICHTS und somit doch ALLES. In diesem Sinne ist das UnpersönlICHe nicht vom PersönlICHen zu Trennen. Beide bilden ein Ganzes.

Unser Training ist allerdings das Üben des (Selbst)Verstehens, mehr des Lassens (Loslassen) als des Tuns und Machens.

Im Wort SelbstVerteidigung ist's Wort SELBST schon drin enthalten, jedoch brauch sICH's SELBST nicht zu Verteidigen. Gegen wen und was, denn Es IST ja bereits ALLes. Sich zu verteidigen ist natürlich, Anzugreifen nicht. Und was machen wir mit dieser Weisheit?

KriegsKünste, MarshallArts, Budo und unter welchen Namen auch noch bekannt, sind nun mal nicht immer zur (Selbst)Verteidigung ausgelegt. Militärausgaben verschlingen in unserer Zivilisation den Bärenanteil an Kosten. Krieg haben wir perfektioniert, obgleich es bald wieder neue Kriegsarten gibt. Das Menschen-abschlachten ist immer noch in Mode und mittlerweile recht pervertiert. Dass was wir machen, findet man nie und nimmer in der Natur, denn es ist absolut unnatürlich. Unsere Kriegsminister(in) sind bzw. ist wie bei allem Schrägen, an Ruhm, Macht, Ansehen und einer total verkehrt perversen Kampf-verherrlichung zwecks der Silberlinge interessiert. Wir werden von Idioten regiert, weil wir Uns unserer SELBSTBESTIMMUNG, unserer SELBSTVERANTWORTUNG selbst enthoben haben und immer mit einem Affengesicht gute Mine zum bösen Spiel machen. Haben wir nix, aber auch rein gar nichts gelernt oder gar verstanden?

Und wieso macht Otto Normalo da denn überhaupt mit?

Ist's, ähnlich wie bei Massensportver-anstaltungen, dass der Verstand beim Eintritt an der Kasse abgeben wird? (Bitte nicht „FalschVerstehen").

KriegsHeere bestehen aus größtenteils psychopathisch veranlagten Deppen, die der „Goldenen Regel" keine Beachtung schenken, sogenannten Kleingeistern.

Nun hoffe ich, das du nicht zu denen gehörst, sonst fühlst du dich gleich wieder mies, beleidigt und vielleicht sogar verarscht.

Und sowas liebster Leserfreund-in IST NICHT in meiner AbsICHt.

Könnte gleich wieder mit nem Hammer aufwarten, nämlich, dass dies nicht einmal in deiner Absicht ist, denn schließlich machst du ja grad das Lesen dieses Buches.

Du bIST's doch, der sICH All Das JETZT ausdenkt, oder?

Oder glaubst du immer noch, dass eine vermeintlich grobstoffliche Welt ohne dICH existiert?

Doch Ob8, Hier ist mitnichten gemeint, das du dir irgendetwas von deiner Psychosomatik etwa selbst ausgesucht hast. Wie beim Träumen suchst du dir ja diese auch nicht persönlich aus, ES GESCHIEHT VON ALLEIN:

Au Mann, WACH doch endlich mal AUF!

Ich HOFFE, dass dICH meine Beispiele nicht allzu sehr verwirren und dich dem sozusagen „Verborgenen Sinn in den Dingen" doch etwas näher bringen, heißt dem Verstehen, der Weisheit, wie Wahrheit welche DU ALLEIN SELBST bIST.

Auch hier, wie im Gesamtwerk ist natürlich keine richtige Kritik an Karate & Co getan, sondern nur faktische Hinweise gegeben. Karate und Konsorten wurden modernisiert und zwar zum Sport degeneriert, ähnlich unseren Fitness-Yoga, und haben nichts mehr mit sogenannter Verteidigung gemein, mit rechtem Lebenswandel, mit Selbsterfahrung zu tun und Ethik wie Moral sind auf der Strecke des Mammons geblieben. Ja ja, unser so sehr geliebter Materialismus hält halt überall Einzug und verändert eben nicht nur die Denke.

Aber wo ist die Denke im Schlaf?

Das kannst nur du für dich herausfinden und Spaß am Spiel bringt's auch noch.

Vielleicht spielst du dann sogar weniger Ballerspiele und hast Freude an angewandter Spiritualität, sprich Weisheit.

Bei mir hat's auch ne Weile gedauert, bis aus einem Saulus ein Paulus wurde. Hab festgestellt, dass es wesentlich einfacher ist jemandem weh zu tun oder gar Knochen zu brechen als jemandem bei Heilung behilflich zu sein. So kam ich sowohl vom Karate als auch vom Taekwondo zur Heilkunst und QiGong.

Aber, ein weiser Spruch sagt, willst du den Körper gesunden musst du zuerst die Seele heilen. Aus eigener Erfahrung ist das soweit für unsere Psychosomatik richtig.

Freier Geist…aber IST DAS, was wir wirklich sind.

Lug und Trug, oder Lügen haben kurze Beine. Lügen wird in unserer Kultur recht groß-geschrieben, man be8e mal unsere Politiker und Kirchenfürsten mit ihren allgegenwärtigen Unwahrheiten. Je frecher „das Blaue vom Himmel" gelogen wird, desto mehr Begeister-ung löst's im Allgemeinen aus. Lügen Zweck's T€uro.

Aber mach dir nix draus, das Zauberrad dreht sich selbstständig weiter und dass was jetzt unten erscheint ist bald oben und umgekehrt, ad infi. SEIN IST's wahre perpetuum Mobile und das können wir glücklicher Weise nicht, denn wir sind es selbst.

ICH, Ich, ich… es gibt bloß EINs und das sind wir (uns) Alle, genauso wie's nur EINen GOTT, EIN BewusstSein ja wahrlich Ein SEIN gibt. Du SELBST nennst dICH ja schließlich auch nur ICH, also Ego und EgoIST des SEIENDEN Existenz. Fürs Ego, was ja existent Ist, ist's NichtSein nicht vorstellbar.

Wie die Wellen zur See gehören und auch im Endeffekt die See selbst sind, sprich nicht getrennt von dieser, ist mit'm Bewusstsein *und den Wahrnehmungen, eben Bewusst-SeinsWahrnehmungen.*

Als Zeuge, Beobachter, Betrachter, Zuschauer usw. kann ich die Gedanken einfach neutral wahrnehmen, Dito mit meinen Emotionen sowie dem Körper. Dies Alles kann ich (im Geiste) sehen und teilweise sogar anfassen. Ich komm ja auch nicht auf die Idee zu sagen, dass ich mein Motorrad sei, mein Auto bin und dergleichen. Der kleine aber feine Unterschied von SEIN und Haben wird hier deutlich.

Aber DAS, was um all DAS WEISS, ist wie die SEE(le) selbst und macht keine Trennung wo keine ist. Unterschiede sind lediglich aus sich selbst heraustretende Erscheinungen, die von uns als unabhängig voneinander eingestuft werden.

Ultimativ bIST nur Du SELBST als dEIN eigenes Wissen vom (Selbst)SEIN aktuell, denn die Totalität des Seins ist in dEINem BewusstSein, ja ist's Bewusstsein selbst. Verwechslungen, Irrungen und Wirrungen sind unsere dogmatisch blind geglaubten und gelernten Pseudotheorien von Naturwissenschaft wie Kirche. Hier wird nämlich als Wahrheit, Realität bzw. Wirklichkeit angepriesen, was reine, ausgedachte Konzepte sind. Modelle von, Ideen von, logisch erscheinende Mental-Schlussfolgerungen von Kopfakrobatischem Denken.

Oder ganz ehrlich, hast du schon mal ein einzelnes Atom, Elektron oder gar Photon gesehen, Gott, Engel oder den Leibhaftigen Lucifer selbst?

Das aber ist jener Mindfuck, der uns von klein auf beigebracht wird, sozusagen indoktriniert wird und die Medienlandschaft macht da auch noch fleißig mit. Selber Denken ist nunmal nicht „IN". Was brauchen wir 'nen Gott der für uns als unerreichbar verkauft wird, oder einen Materialismus der dich zum Sklaven seiner selbst macht?

Psychopathen-Kirche und Psychopathen-Staat, wer braucht materialistische Lügen-Institutionen die ausschließlich Ihr Eigenwohl auf ihrer Agenda haben.

Unser Leben scheint sich bloß noch auf die lügenhaften Hirngespinste eingebildeter Modelle zu beziehen, die absolut nix mit irgendeiner Realität zu tun haben und eine immens große Volksverarsche sind. Betrachte doch diese Paradigmen unter deiner eigenen Geistes-Lupe. Hinterfrage mal den Mist den du in Schule und Beruf eingeimpft bekommst, den du liest, der dir vorgegaukelt wird und ich rede hier nicht vom praktischen Lesen, Schreiben und Rechnen.

Die Theorien klingen allesamt toll, wider-sprechen sich jedoch meist. Die Ausnahme bestätigt nunmal nicht die Regel, sondern sich selbst, will meinen, dass eben Ausnahmen nicht von der so gerühmten Naturwissenschaft untersucht werden, sondern verworfen werden.

Die Geistesbilder jener Verblender sind ja garnicht das Übel, jedoch deren Verbreitung als absolute Wahrheit und Wirklichkeit schon. Die Verwechslungen von Landkarte mit aktueller Landschaft, von Modell bzw. Vorstellung mit Realität, von Erdachtem mit Fakten, das ist's Problem.

In diesem Sinne gibt's nämlich keine Wissenschaft, sondern nur eingebildete Leute die sich Wissenschaftler nennen und das in einem selbstabgesteckten System, obgleich wir, d.h. du wie ich doch ein offenes System darstellen.

Aber all das ist eben nunmal auch Bewusst-Sein und wir können Bewusstsein nicht entrinnen. BEWUSSTSEIN IST weitaus größer, komplexer, erhabener als wir's uns träumen lassen.
Und noch einmal, DU stammst genauso wenig vom Affen ab, wie's Bewusstsein in deinem Hirn ist. Doch dein Glaube macht deine Wirklichkeit. Glaub, dass du ein Menschen-Affe bist und du bist's, glaub das du Gott-Mensch bIST und auch das ist so. Ändere deine Überzeugung und die Welt ändert sich mit di(h)r.

Das mechanische Weltbild ist eine Vorstellung, sonst nix. Dito mit den meisten Sachen und Dingen welche uns gelehrt werden. Wir und nur Wir SELBST können uns von diesem psychopathischen Gedankenmüll selbst erlösen. Das ist erst einmal die Aufgabe. Gedankeninhalte, (Welt)Bilder, Vorstellungen, Modelle usw. mal aufgeben, sich im wahrsten Wortsinne selbst mal LEEREN statt Lehren. Also einfach mal das SEINlassen von unserer Denke und mal wieder WISSEN, FÜHLEN, MERKEN, SPÜREN ohne viel Kopf-Blabla. Doch das scheint sehr Viele einfach in Angst und Schrecken zu versetzen, ohne wirklichen Grund jedoch.

So ist's fürn evolvierten Menschenaffenkörper viel einfacher sich einlullen zu lassen als selbst zu denken. Auf diese Psychomanipulationen baut sich unser Selbstverständnis, Welt-verständnis, ja die gesamte zivilisatorische Kosmologie auf.

Ob's stimmt mußt du allerdings selbst rausfinden.

Das was Denken ermöglicht, in was Denken geschieht wird negiert, da man es eben nicht wissenschaftlich erklären kann. Wissenschaft erklärt aber nicht, sie beschreibt nur, beschreibt ihre eigenen Mentalspekulationen und propagiert diese dann auch noch als ultimative Wahrheit. Vor, während, wie nach dem Denken, ist ETWAS, was sich allerdings durch's Erfahren, durch's Erleben Selbstverwirklicht, jedoch für uns normal mental nicht zugänglich ist, obwohl wir SELBST DIES immer schon sind.

Es scheint einfacher vom Großen Details zu erkennen als von einem Teil aufs Ganze zu schließen. Wir kriegen aber nur Bruchstücke vorgesetzt, Lug und Trug Medienmanipulationen, die uns davon abhalten sollen, uns eben fürs Große und Ganze echt zu interessieren.

So könnte das Paradies genau Hier und Jetzt SEIN, aber schau dich mal um und vor allem mal in dICH SELBST hinein. Laß dir kein religiös-wissenschaftliches X für ein U vormachen.

Unsere Existenz scheint nur aus voneinander getrennten Einzelheiten zu bestehen, dabei IST doch ALLES Eins, oder wie man sagt, Alles Ist Miteinander Verbunden.

(Dies ist wahres Tantra, nicht das, was wir hier sexistisch lernen).

Wir Glauben an diese Getrenntheit, an die uns vermittelten Unterschiede, an unser Arbeit's - wie Sozialsystem, wir GLAUBEN an einen jeden Humbug denn man uns per Glotze, Internet, Zeitung, ja sogar am Stammtisch beibringt.

Überprüfen ist out.

Wir sind beschränkt, also in Schranken gehalten, obgleich diese nur psychischer bzw. mentaler Art sind, halten wir sie aber für wahr und haben eine Heidenangst all das infrage zu stellen und selbst Antworten zu finden.

Und nochmal, Alles Ist In Ordnung, Alles IST was und wie's IST, sonst wäre ES nICHt so.

Das sogenannte WELTALL scheint uns irgendwie abhanden gekommen zu SEIN. BEWUSSTSEIN SELBST ist zum Tabuthema geworden, eben weil deine dogmatische Naturwissenschaft genauso wenig wie deine institutionelle Religion dir dir ehrlich rein gar nichts wirklich und plausibel zu erklären vermag.

Bewusstsein entsteht nirgendwo, Bewusstsein vergeht nirgendwo, Bewusstsein IST, ist die Grundlage Allen SEINs, jeglicher Existenz, so wie Geist von Selbst alle Erfahrung ver-ursacht.

Sei still und wisse…, haben wir nie gelernt und es scheint mitnichten erstrebenswert zu sein Sinn und Zweck des eigenen Daseins herauszufinden.

Du bIST das Rätsel, Du bIST auch die Lösung, denn mehr wie dICH SELBST gibt's nunmal nICHt. Und DAS hier steht in keinem Widerspruch zu sICH SELBST!

Ergo ist Polarität und Synthese auch wieder polar. Willkommen bei NICHT II.

NICHT 2, ergo EINs, 1. Da ich 1 an sich aber nicht recht zu erklären vermag, ist mit dem NICHT II gemeint, dass es keine Getrenntheit gibt bzw. das Nichts voneinander separat existiert. Man könnte auch meinen, dass wenn das Negieren gemacht ist, das was sozusagen übrig bleibt genau DAS IST was WIR SIND, nämlich's ICHBIN.

Gedanken sind uns ständig zugegen und so ist's recht einfach (mit) diese(n) zu be-einflussen. Gedanken sind uns allzeit gegenwärtig, doch das „Gegen"wärtige, die Ruhe, Stille, halt's Nichtdenken ist uns fremd geworden, ja macht uns sogar Angst.

Wir nehmen immerzu bloß Bewegungen wahr, aber im Wahrnehmen des Wahrnehmens liegt das Geheimnis. Deswegen die Achtsamkeit, das Beobachten seiner selbst.

Ich sagte schon mal, dass Bewusstsein, Gott, Selbst, Energie, Licht usw. Ein und Dasselbe IST. Licht hat keine Geschwindigkeit, weil sICHs nicht in unserem Sinne bewegt. Lichtgeschwindigkeit wird ja sogar in den theoretischen Wissenschaften überholt. Überlichtgeschwindigkeit ist bei denen angesagt.

Was aber, wenn Licht(Energie) ein Absolut ist, überall schon immer da?

Was, wenn DU DAS BIST?

Unser ganze Glaube hält uns im eigenen Gefängnis und wir vermögen da nicht so leicht auszubrechen. Kann es sein, dass dies ebenso gewollt ist?

Wir, ja wir selbst sind die Ochsen die sich an der Nase rumführen lassen, weil wir zu faul sind unseren eigenen Verstand zu ge-brauchen. In (unserem) Bewusstsein sind wir SELBST sowie ALLES vermeintlich andere schon enthalten. L"ICH"T IST Fakt.

Und klar weiß ich, dass das JETZT Hier von dir Gelesene, also deine Stimme im Kopf, aus meinen, deinen, unseren Zeilen ab und an ein Chaos zu veranstalten scheint, wobei Verstehen, Durchblicken, Kapieren bei diesen oft widersprüchlichen, ja zum Teil gegen-sätzlichen Aussagen fast unmöglich ist. Tja, aber eben nur „fast".

Ich weiß auch, dass DU grad mächtig gefordert bist, dieser deiner Kopfstimme auch noch zuzuhören während sie spricht. Aber, dass reicht immer noch nicht, denn DU sollst gleichzeitig auch noch in dieser zuvor gemeinten Ruhe SEIN, der STILLE des Wissens um… um dEINE WAHRHEIT. BeZeuge's Lesen und Hören.

Es ist nicht menschenunmöglich und ich weiß auch, DU KANNST's.

Verlaß dich auf deine eigene Intuition, die eigene Inspiration beim Verstehen.

Ent-Teilung ist wie bei deinem eigenen Körper wo Kopf, Herz, Bauch wie alles was dazugehört nunmal eine Einheit sind, nicht nur konzeptuell verbunden, sondern in Echt EINS. Und diesen Körper kannst man nicht von seiner Umgebung trennen, Körper und Umgebung IST auch EINS. Umgebung mit dem WeltALL IST auch wieder EINS und so geht's weiter, immer weiter in Gedanken bis zum Undenkbaren, zum BEWUSSTSEIN SELBST bzw. dann das echte SELBST-BEWUSSTSEIN, das schon immer IST, und zwar immer HIER und JETZT.

So wie mit Atom kein kleines kosmisches Bauteilchen gemeint ist, sondern das ungeteilte GANZE per se.

Wo ist z.Z. Das an was DU NICHT DENKST und wo befindet sICH Das was DU grad DENKST? Es ist wirklich Wert darüber zu Sinnieren.
EINsICHten sind sozusagen holistischer Art, aber für uns ist Holistik bzw. Holistisch erst mal nur ein mentales Konzept. Unsere Popwissenschaft „misst" bloß einen ganz kleinen Teil von GroßenGanzen. Wir sehen, hören, tasten, riechen und schmecken nur

einen Miniaturausschnitt vom Möglichen, ja bewegen uns geistig in unserem sehr beschränkten Glaubenswissen wie in einem Käfig. Von der richtigen Welt trennen wir uns dadurch aber selbst ab und wundern uns noch nicht einmal über die eigene geistige Kleingärtnerei.

Hochtrabend wird über Lichtgeschwindigkeit, übers Universum samt seinen ausgedachten Gesetzmäßigkeiten referiert, ohne darauf einzugehen, das wir wenn überhaupt, bloß bruchstückhafte Ahnungen haben.

Wir WISSEN fast NIX, aber verteidigen dieses Pseudowissen auch noch auf Teufel komm raus.

So machen wir aus Daten eigene IN-FORMATIONEN in uns selbst, welche wir dann auch noch glauben bzw. für die Wahrheit halten. Einen Furz auf den heißen Stein.

Permanente geistige Aktion ist bei uns längst zum Alltagszustand geworden weil wir wie meist, nur einseitig Agieren und die Ruhe, die Stille, das NICHTS nicht mehr in Betracht ziehen. Bewegung aber und Stille sind ein Ehe-PAAR in Synthese. Eins ohne's Andere geht nicht. Wie Wissenschaft als Aktivität ohne Religion der Ruhe, Stille Passivität nunmal nicht funktioniert.

Oh Ja, WDH-WDH-WDH-WDH zum Xten mal!

Du aber als GANZES BEWUSSTSEIN selbst, bIST das ALLES und NICHTS gleichzeitig HIER und JETZT.

SELBSTTRANSFORMATION ist meiner Meinung nach metamorphorisch ausgedrückt, die eigene Verwandlung von nur Körper-identifikation zu GEIST als LICHT wie ENERGIE bzw. als SelbstBewusstSein. Nach einer anderen Formelinterpretation also von Masse auf der einen Seite zu Lichtenergie auf der anderen. Mit und durch L"ICH"T SELBST.

Wie grad vorhin erwähnt tauschen wir dabei unsere Mentalbeschränktheit gegen eine noch unbekannte GeistesWeite aus, welche allerdings die Mentalbeschränktheit bereits inkorporiert hat. Es ist wie bildlich ge-sprochen, Energie der Seele gleicht dann Masse dem Körper, Licht der hl. GEIST, eben's SELBST, GOTT, ICH oder BEWUSST-SEIN.

Die Macht dieser Transformation ist mit dir und zwar schon immer. Und die geistige Reise ist auch immer ein Roundtrip.
Und apropos Einsteins Relativitätstheorie welche ja besagt, dass mit Lichtgeschwindig-keit weder Zeit noch Raum existieren, liegen wir doch mit unserer Veranschaulichung gar nicht so schlecht. Sein e=mc2 kann eben auf viele mögliche Weisen interpretiert werden.

Wissenschaft halt mal anders, denn wenn man so will ist Zeit das JETZT und Raum unser HIER. Die alten Weisheiten haben also doch recht, aber wenige sind die, die sich für die PRAXIS der SELBSTERKENNTNIS Ent-Scheiden.

Vom ganzen Spektrum aus betrachtet enthält dieses nämlich immer schon alle Möglichkeiten widerspruchsfrei in sICH SELBST.
Religions - Wissenschaft wie Wissenschafts-Religion wären demnach HOLISTISCHE Ansätze, wobei das Modell eines „Holografischen Universums" noch nicht so recht verstanden ist. In diesem Zusammenhang sei erwähnt, dass es nur das GroßeGanze gibt, was DU natürlICH bIST.

Hier geht natürlich unsere gemeine Alltagsdenke flöten, ABER… dafür tut sICH eine wunderbare, ewig harmonische Symphonie auf.

Solange DU an deinen erlernt logischen und eigenen Überzeugungen fest hälst, halten diese dich fest. Loslassen, also mal nicht nur über's Nichtdenken denken, sondern wahrlich mal ohne Etwas einfach HIER und JETZT zu SEIN, das ist's offene Geheimnis. Gib mal deine ganzen Überzeugungen auf, dein angesammeltes Glauben-Wissen und sei offen, offen für ALLES.

Der erste Satz der Thermodynamik meint doch, dass Energie sich selbst verändert aber nicht weniger aber auch nicht mehr werden kann. Energie ist demnach ALLES und ALLES IST ENERGIE. Die Bibel hat auch so eine Stelle wo's ums Weglassen bzw. ums Zufügen von Buchstaben bzw. Worten geht. Sobald dies geschieht, ist bzw. wird die Wahrheit verdreht, pervertiert. Und das machen wir aber tagein, tagaus ohne uns drüber bewusst zu sein. Nachdenken ist gut, aber noch lange nicht HEIL, denn zum Heilsein fehlt die Stille, das Wissen ums Nichtwissen. Das erst ist wirklich Wissen.

Es braucht sozusagen dann nur 1 Gesetz und sonst keins. Keine ParallelUniversen, keine (T)RaumZeit im persönlichen Sinne, bloß wahre Selbsterkenntnis ohne äußere Zutaten. Du SELBST bIST das PerpetuumMobile, symbolisiert durch die 0.

Es sind die persönlichen Überzeugungen, der eigene Glaube, der unsre eigene Welt gestaltet, bzw. die für wahr gehaltenen Daten als EigenInformation, bewusst oder unbewusst umsetzt. Überzeugungen sind emotional aufgeladene, logisch und gewohnheitsmäßige Gedanken. So ist meine eigentliche Freiheit ein FreiSein vom Denken bzw. dem Konzept von Freiheit selbst. Und das hat mehr mit Lassen als mit Tun zu tun.

Unsere ultimative Wahrheit heißt nicht nur EINHEIT, sie IST ES!

Natürlich gilt für dICH, mICH Hier zu VERSTEHEN und gleichzeitig den Rahmen meiner Gleichnisse zu sprengen. Rahmen bedeutet Limit und rahmenlos dann un-limitiert, sprich OHNE WORTE, das ist Gott, Bewusstsein, Sein vor jeglichem Anfang. Es heißt ja, „Am Anfang schafft Gott…" (nicht schuf, denn das Original IST ausschließlich in der Gegenwart verfasst). Dieser Gott IST also bevor irgendetwas kreiert bzw. er -oder geschaffen IST. Dieser Gott als Absolutes beinhaltet nun alles Relative, auch unsere relative Realität ergo EGOTT, ergo BEWUSST-SEIN.

Schon wieder starker Tobak, aber anders geht's bei mir nicht.

E G O l o g i e o d e r E G O s c i e n c e , EGOWISSENSCHAFT bzw. ICHWIS-SENSCHAFT sind bloß andere Wörter für die eigene SELBSTERKENNUNGSpraxis, die Nix und Niemand für EINen machen kann. Dein eigener Antrieb, ob du nun diesen „Freier Wille oder Schicksal" nennst, ist ausschlag-gebend für dICH SELBST.

L"ICH"T können wir nicht sehen, uns erscheint's als Hell und Dunkel. (T)Raum können wir nicht sehen, uns erscheinen Objekte. Zeit können wir nicht sehen, uns kommt's als lineare (chronologische) Veränderung von Vergangenheit nach Zukunft vor. Die Essenz von Hier und Jetzt bleibt unserem Nachdenken verborgen, denn DAS, also Das Absolut Subjektive sind wir Selbst. EINheit hat nichts Zweites, kein Gegenteil, keine Frage ergo keine Antwort, Einheit IST mit sICH SELBST identisch.

Aber EINheit beinhaltet Alles, IST all inklusive und doch nicht getrennt, weder in sICH SELBST noch im vermeintlich Anderen. Energie und Licht ist's Gleiche.

DU SELBST bIST dEIN eigenes L"ICH"T, also führ dich nicht mehr „hinters Licht". Was Licht ist, versteht die Finsternis nicht. Gemeint hier dein GeistesLicht. Finsternis ist sozusagen die geistige Umnachtung, aber nicht mit dem Schlafen verwechseln. Drum das ALL1SEIN.

MEine Fühlosophie des SelbstErkennens ist in anderen Gemeinschaften ebenfalls da und wird dort nur in andere Worte gefasst, welche allerdings DasSelbe mEINen. Man(n) und Frau auch, spürt DAS. Man ahnt das da noch was IST. Ab und an gibt's sozusagen Resonanz mit Menschen und doch unterschiedlichen Ausdrücken. Aber schlußendlich sind die internationalen Weisheitsgeschichten irgendwie ähnliche. Es geht immer nur ums dICH, *den Geist, das Bewusstsein, egal ob's Gott, Selbst oder wie auch immer benannt wird.*

Schau grad mal aus'm Fenster und betrachte einen Baum, ein Auto (für die Städter), den Horizont, einen Menschen usw., was du siehst ist nicht getrennt von seiner Umgebung. Vordergrund, Hintergrund sind unsere Ideen von dem ALLEINEN, aber in Wirklichkeit ist davon nix vorhanden, alles nur im Kopf.

Vom Onkel Buddha sagt man (denk ich mir jetzt), dass er vieles gemacht hat was andere Meister ihm sagten. Ohne Erfolg. Als er den ganzen Gugus aufgab - Bingo - Heureka!!!
Mit unserem Wissen ist's ähnlich. Ca. 95% macht das Unbekannte aus und unser GlaubenWissen die anderen 5%. Von dem 5%-käfig aus aber versuchen wir uns selbst und die Welt irgendwie plausibel zu erklären, was natürlich volle Lotte in die Hose geht. (Gebrauche ich hier sowas wie Zahlen, Prozente etc., so sind die natürlich auch nur beispielhaft ausgedacht).

Beten, Meditieren, Kontemplieren, sich in sich selbst Versenken und vieles mehr, ist Mittel zum Zweck wahren Verstehens. Ist das mit der Einheit erst mal kapiert, also das kleine AHa, dann wird's lustig (damit ist aber nicht nur ein Grinsen gemeint).

Fakt jedoch im existentiellen Leben ist, dass unsere tiefen Überzeugungen, unser Glaube, uns die Welt einschließlich uns selbst so vorführen wie wir sie uns AUSDENKEN bzw. selbst beschreiben oder für wahr halten.

EINheit ist das A und O jeder Religionsessenz, nur unsere Wissenschaft hinkt da noch ganz bös hinterher. EINheit, Kosmisches-Bewusst-Sein, Erleuchtung und wie wir's auch immer benennen mögen, ist sozusagen unser Geburtsrecht (obgleich wir als SELBST nunmal nicht geboren sind und somit auch keinen Tod fürchten brauchen). EINheit IST EINS und EINHEIT IST's GESETZ. Es gibt kein anderes!

Unsere Mentalität ist Teilung, wo's nix zu teilen gibt, Trennung wo's nix zu trennen gibt, Unterscheidung wo's nix zu unterscheiden gibt. Wir selbst sind Ursache und Wirkung, wo's keine Kausalität gibt.
Klingt mal wieder total abgefahren aber ist bloß die Wahrheit die DU SELBST BIST.
Ein Gautama Siddharta, ein Jesus, ein Meister Eckhart, ein Nisargadatta Maharaj, ein Rumi, ein Mohammed und viele, viele mehr haben DAS realisiert.
Unser Bewusstsein ist voll solcher Ge-schICHten und wir haben Zugang dazu.
Wir haben nicht nur Zugang zu ALLEM, wir SELBST SIND ALLES!

EGO, ICH, ICHBIN, SELBST, BEWUSSTSEIN, GEIST, SEIN, aber auch GOTT, ALLAH, TAO, UNIVERSUM und vieles mehr, sind allesamt Bezeichnungen für…, für die EINHEIT die IST, ja die ICH SELBST BIN. Der Untertitel von Wort und Zahl drückt's doch aus, ALL-"1"-SEIN, viel Spaß.

Worte wie ALLEINS, das ALL, NICHTS und ALLES, von SELBST, AUTOMATISCH etc., drücken diese, mEINe, dEINe WAHRHEIT eben aus. Wahrheit jedoch kann man nicht wirklich Ausdrücken, man IST SIE, man kann sie aber auch VERSTEHEN, ERLEBEN, ERFAHREN.

Spontanität, Freier Wille, aus eigenem Antrieb usw. sind Begriffe, die dem des Bewusstseins gleichen. Das Universum Bin Ich und ich bin das Universum. In diesem Fall IST mit Universum mEIN persönlich-unpersönliches SelbstBewusstSein gemeint. Die THEORIE der RELATIVITÄT ist ein MODEL, die PRAXIS des ABSOLUTEN die REALITÄT. LEBEN ist kein Theoretikum, sondern taugliche Alltagspraxis. Das, was nicht Hier und Jetzt Wirklichkeit ist, das ist bloß erdacht.

Aber halt auch's Denken IST im BewusstsEIN und KEIN Fehler in der Matrix. Es will halt Alles Verstanden Sein.

Und hier wieder was zum „NachDENKEN".

Bewusstsein selbst ist NichtLokal, ist NichtRelativ weil eben 1. Einheit ist mit Nix verbunden, sonst wäre es keine. Einheit ist dennoch wissbar, fühlbar.

Unser manifestes Universum hat aber auch noch SEIN NICHTMANIFESTES (GEIST) und es IST genau dieses, was uns zu unserer WAHRHEIT führen kann, wenn die von uns MITEINBEZOGEN IST.

Seiner Einer hat auf paradiesischen Inseln in Polynesien ReligionsWissenschaft als Studnik gemacht, gepaart mit etwas Transpersonaler Psychologie und so kann ich durchaus mit mEINer PHILOSOPHIE, WISSENSCHAFT mit RELIGION VERBINDEN, ja die Zwei sind eben die Beiden Seiten Derselben Medaille und die Fühlosophie, das BewusstSein ALLdessen, die EINHEIT SELBST.

Heisenbergs Unschärferelation, Schrödigers Katze, sind zwar schöne ZeiTRäume, aber im richtigen Leben recht unbrauchbar. Spekulative Mentalitäten, Gedankenkonstrukte und die menschliche Denke kann noch weit mehr (Un)Sinn in Zeit und Raum projizieren als derzeit der Fall ist.

Technischer Fortschritt, Ruhm, Macht, Reichtum macht halt nicht unbedingt glücklich und wirklich zufrieden, Weisheit schon. Das Wissen, dass sICH Materie, sprich Körper, in Energie verwandelt und zwar FREIWILLIG, SPONTAN, kann man auch mit Erleuchtung bezeichnen. Die Beschäfti-gung mit sICH SELBST und der NATUR, eben mit dem GROSSENGANZEN steht in keinem Widerspruch zu irgendetwas und wird das eigene Verstehen wohl fördern und Eine LIEBE.

Wissen, Gnosis ist die Wortwurzel mit einer frappanten Ähnlichkeit zu Kenosis, Knowledge oder phonetisch sogar NoLedge (No, Nix, Leer - der PausenDenkGeist ist gemeint).
Spicht man über Kenosis bzw. Kenose, so besagt die einschlägige Literatur, dass dieser Jesus auf seine göttlichen Attribute verzichte. Ich jedoch meine, dass dies aber genau seine Göttlichkeit ausmacht. LIEBE ist nicht nur ein gewisses Rumknutschen, nicht bloß Sex, nicht nur Fortpflanzung oder Arterhalt, sondern dieser EGOTT selbst als das gesamte UNIVERSUM. LIEBE, LICHT, ENERGIE, BEWUSSTSEIN, All das ist doch austauschbar und mEINt DASSELBE ERLEBNIS, ja eigentlich alle Erfahrungen. Und irgendwo steht doch sogar geschrieben, „was ich kann, das kannst auch du und sogar noch mehr". Lesen hilft, aber Bitte lies das Richtige und das gibt's überall bei Interesse.
Doch geht's hier ja nicht um dem Mr. INRI, sondern das für was dieser steht, nämlich das CHRISTUSBEWUSSTSEIN und das ist genauso wie's KOSMISCHE - BUDDHA - BEWUSSTSEIN bzw. UNIVERSAL - BEWUSSTSEIN.

Du kannst es drehen und wenden wie Du magst, das EINS schreit dICH immer wieder an, bis…, ja bis es endlich VERSTANDEN IST. Das ALL finden wir sogar im Kristall, im ChristAll. Sprache ist schon geil wenn man so rICHtig Bock drauf hat.

Nun ist dEIN Intellekt wieder gefragt wenn ich meine, es gibt nur EIN Gesetz im UNIversum, nämlich das Gesetz von 1, also EINs. Man drückt's als EINs im Vielen aus, als Teile im GANZEN, als das EINe in ALLem etc. pp. Wirkliches Wahrnehmen bezieht sich auf das Verlassen seiner eigenen (8) Sinne sowie auch ein Verlassen eben dieser zu vollständigen Erfassen wie Begreifen DESSEN WAS IST. 8te mal was deine Mentalisation aus vielen Dingen sich zusammenreimt. Und wieder sind wir beim Aufpassen, beim Betr8en und Ob8geben in völliger Neutralität.

Denken, Denken und immer schön und positiv wEITER Denken, das ist in Wahrheit unsere chronische Krankheit. Wir sind durch's chronisch zwanghafte Denken, durch unsere eigene MentalArbeit schon fast von ALLEN abgetrennt. Mentaloholiker.

Leben bei uns findet meist nur noch im Kopf statt und so schaffen wir unsere ganze Problematik. Ruhe, Stille, Pause usw. existieren für unseren DenkVerstand nicht *mehr. Und mach mal wirklich deine Augen auf, schau dir an, wo uns die Denkkrankheit hingeführt hat. Selbstverfremdet. Wir selbst sind unser eigenes Problem und können uns nicht heraus denken, d.h. wir können durch unsere Denke die chronisch-obsessive Denkpathologie nicht verlassen.*

S S. Schon Scheiße diese doch sehr unbequeme Wahrheit an der natürlich ich selbst mitverantwortlich bin. So kann ich in meiner Birne suchen wie ich will, ich finde diesem Aus -bzw. DenkAbstellKnopf nicht. Die Heilung liegt bei weitem nicht im AndersDenken obgleich doch's Denken ein ganz normaler Vorgang ist, sondern erst einmal eben in dieser DENKPAUSE, im VERWEILEN, RELAXEN.

Ein freies Fühlen ist die Verbindung zu Allem und Fühlen tut man JETZT, HIER, HEUT. Das offene Geheimnis ist halt kein noch so positives Denken, sondern vielmehr der symbolische Weg nach innen, sozusagen das Schweigen. Reden ist Silber, Schweigen ist Gold - kennen wir alle. Doch ist damit nicht die äußere Kommunikation gemeint, sondern ein Schweigen der eigenen Mentalität.
Diese Stimme im Kopf, welche unser Leben bestimmt ist nämlich der eigentliche Manipulator, der Tyrann von dem es kein Entfliehen zu geben scheint.

Die Selbstbetrachtung führt meist zur Lösung, nicht etwa zur Problemlösung so wie wir sie gerne hätten, sondern zur Lösung von den erdachten Problemen.

Aber mein Freund, denk bitte an die zuvor beschriebene Synthese der Polaritäten und laß dich nicht durch die gegensätzlichen Erscheinungen dieser Worte blenden.
Stille wie Denken bilden ein Kontinuum, sprich geHÖREN ZUSAMMEN.
Die tiefste Wirklichkeit und die höchste Wahrheit IST EINS, IST die EINHEIT von ALLEM. DU SELBST BIST DAS GANZE SEIN. Und das ist keine Theorie, hat nix mit Praxis zu tun, sondern IST ganz EINfach DEINE, MEINE, UNSERE „WAHRHEIT".

Vor sozusagen ausgedacht langer Zeit, hatte ich in der Schweiz mein Zuhause und betrieb eine „Holistische Praxis" in der Nähe von Solothurn. (Zuvor lebte ich allerdings im Kanton Valais bei Crans-Montana).
Warum ich das hier erwähne ist weben dem Wort Holistik bzw. Holistisch, es heißt GANZ und Ganzheit ist ein anderer Begriff für Heil, für Eins. Einheit in der Vielfalt und vice versa klingt schon wieder komisch, so wie's Ganze inklusive seiner vermeintlichen Teile. Unsere Sprache bringt's eben nie so ganz auf den Punkt, kann sie auch garnicht, aber das Erleben von genau dem was JETZT IST ist's.

Die meisten wissen was ein Hologramm ist und dass man in einem Teil von diesem doch das Ganze wiederfindet. So ist auch mit UNS und dem UNIVERSUM. HoloRelativ ist's. Es ist wie's Spiegelbeispiel wo Bewusstsein den Spiegel symbolisiert, aber ein Spiegelbild gehört da eben auch unweigerlich dazu. Kein Spiegel ohne Bild bzw. Reflexion.

Na, dämmert jetzt die etwaige Götter-Dämmerung?

Du bist nicht verschieden vom Universum wie auch umgekehrt, DU BIST'S SELBST.

Wie in eGoTT ist hier in diesem Werk das inhärente Ego mitnichten das Böse, das Negative, sondern ein wenn man so will, integrativer Bestandteil des GroßenGanzen. Holistisch gesehen ist dein kleiner Finger Körperteil wie dein Kopf. Ein Körper, den wir konzeptuell in sEINe Extremitäten aufteilen, da wo's nix zu Teilen gibt. Schau dich ruhig um, jetzt in deinem Zimmer oder in der Natur, du wirst erleben, das sogar Sehen ganzheitlich ist. Der Grundstein zum Fundament der Basis ist EINHEIT. Wenn sICH Bewusstsein bewusst wird IST DAS, was Jesus, Buddha und andere Meister rausgefunden haben eben diese Realität von EINheit bzw. EINSSEIN, eben ALL1SEIN.

Die Selbstbeobachtung ist, das du, was immer jetzt dein Name sein mag, dich selbst beobachtest und deinen Körper, deine Gedanken und Gefühle in der Lage bist ganz neutral, also vollkommen wertfrei, anzuschauen. Dieser Betrachter, wenn er nicht etwa auch etwas von dir erdachtes ist, bIST DU SELBST. Diesen Zeugen, dieses Bewusstsein selbst kannst du nicht denken. Über's Denken kannst du aber sehr wohl denken, doch ist's hier leider nicht gemeint. Mir geht's hier sozusagen um dEIN GEWISSEN, nicht ums fragmentiere Wissen, sondern ums rein betrachtende holistische Wissen. Deine Person ist dein Objekt deines Gewissens. Und deshalb bIST Du der undenkbare Denker. Also nochmal, Ob8 IST angesagt.

Alles was du betrachten kannst, bist du nicht und das was du nicht mehr betrachten kannst IST's.

Und das ist auch der riesengroße Unterschied von westlicher zu östlicher Weisheit. Wir hier im Westen haben dem Denken „über"…, den größtmöglichen Stellenwert zugeschrieben. Deshalb sind für uns immer neue Paradigmen eine Hauptsache. Phrasen wie „Umdenken" sind da gang und gebe, denn ohne Denken geht ja schließlich nix, denken wir. Damit betreiben wir allerdings eine Art von hochstilisiertem Götzendienst. Jeden Tag aufs Neue wird viel Gedacht, Gemacht und Getan, denn schließlich muß unsere Welt doch „funktionieren". Denken, Verstand, Intellekt, also unsere eigenen Oberflächlichkeitserscheinungen im Kopfgeist werden sozusagen wissenschaftlich durch die NeuroScience angebetet.

Die wahrlich höchsten oder aber auch tiefsten Schichten von Bewusstsein selbst sind komischerweise für uns Westler nur von geringem Interesse.

Im Osten hingegen bleibt die eigene Bewusstseins(er)forschung durch Meditation, die Stille, die Ruhe, die Pause und die Gleichgültig -bzw. Gleichwertigkeit nicht bloß Oberflächenkult. Will allerdings hier anmerken, dass mittlerweile auch der Osten sehr materialistisch vom Westen beeinflusst ist, dass aber der Westen nicht recht mit der Vernunft, eben dem Bewusstsein umgehen kann. Noch nicht.

Vielleicht müssen wir unseren Ökonomiehals erstmal bis zum Erbrechen vollkriegen mit dem eigenen Computerprogramm von Schneller, Weiter, Höher, Reicher, Mächtiger etc., bevor wir wirklich Verstehen, dass (Selbst)BEWUSSTSEIN ein sozusagen offenes GehHeimnis in sich birgt, was echt zu LIEBE, WEISHEIT, GÜTE, ZUFRIEDENHEIT wie gleichzeitig auch zu mehr Gesundheit und einem sehr positiven Lebenswandel als MENSch führt bzw. führen kann.

Und jetzt bitte aufgepasst und verstehen, in diesem Sinne hat SELBSTERKENNTNIS nix mit irgendeiner Pop-Religion oder Material-Wissenschaft zu tun, sondern mit dem eigenen GEIST. Es IST schlICHT und EINfach selbst-angewandte PHILOSOPHIE.

Unsere Erkenntnisse basieren zum größten Teil auf Ägyptische wie Griechische Tradition, deswegen ist Denken an erster Stelle angesiedelt, denn ohne das kommen wir scheinbar nicht klar. Doch richtige Klarheit ist was ganz anderes als zwanghaft chronisches Denken, welches ich hiermit als „patho-logisch" bezeichnen möchte, tja, und auch tue.
Unorthodoxe Mystik, Sufismus, Yoga, Buddhismus, Taoismus und einiges mehr, IST die höchste Kunst von SELBSTBESCHÄF-TIGUNG. Oh Ja, damit ist natürlich weder gesagt noch gemeint, das unsere Traditionen nicht taugen. Deren Traditionen sind ja mittlerweile genauso dämlich wie hiesige. Man betrachte nur deren Oberfürsten. (egal ob Dalai Lama oder Papst,'n Ayatollah oder sonst 'n Guru).

Und genau deswegen tun wir uns so schwer, denn immer bloß Denken und denken über die eigene (Geistes)LEERE bringt exactamente NADA, NIX. Die biblische STILLE um zu

WISSEN IST das Wahre, das Wirkliche um was es geht. Menschlichkeit, Frieden, Einigkeit, Brüderlichkeit uVm, bleiben da halt nicht auf der Strecke, sondern werden LIVE ER -und GELEBT, Man (Frau auch) IST WEISE!

Es ist ein großer Unterschied über Ethik und Moral zu diskutieren oder sie LIVE zu LEBEN. Unser modernes Pseudo-Gutmenschentum ist auch nur oberflächlichste Scheinheiligkeit als Schaf gekleideter Wolfsverschnitt. Solange Geschäft im Vordergrund steht, bin ich halt bloß ein Vorteilsdenker, nichts mehr. Habe ich sozusagen das GroßeGanze aus den Augen bzw. dem Herzen verloren, gibt es keinen Sinn mehr. Doch all Das will Selbsterfahren Sein, SelbstGewusstSein.

Dito mit der Information in diesem Werk. SELBSTUNTERSUCHUNG ist die Lösung. Also mach mal eine Identitäts-Pause von der Denke, allerdings nicht mit über die Pause denken, sondern sie Selbst zu Sein, sie live zu erleben, ihrer SELBST BEWUSST zu SEIN. Der WEISE weist in Richtung HERZ und Das steht fürs Verstehen seiner Selbst. Und viele Wiederholungen wie Hier, sind ein Teil vom vermeintlichem Übungs-Prozess. Das Namenlose, der heilige Geist, DAS aus dem ALLES entsteht zu dem ALLES vergeht, die QUELLE allen SEINs bIST DU. So glauben wir viel zu Wissen, was in Wirklichkeit einem Furz auf den heißen Stein gleicht. All dieses so (un)wICHtige Denk- WISSEN ist meist nur Vorteil erhaschende Selbstsüchtigkeit, sprich unser Alltagsmaterialismus per se.

ICHBIN kein Gedanke von mir! ICH IST nicht das was ich selbst GaubDenke oder DenkGlaube. ICH SELBST BIN DAS NAMEN-LOSE „N"ICH"TSundALLES". Das kannst allerdings nur Du für dICH SELBST-ERFAHREN.
Aber Achtung, die Stille ist der Urgrund für Bewegung, also mit anderen Worten, das NIX ist die Quelle für's DENKEN, denn ohne Denken existiert Nix.
Oh Ja, Kontradiktionen scheinen unseren ganzen Weg zu pflastern und dann wieder doch nicht. Wenn keine Denke mehr ist, dann gibt's nämlich auch keine Erscheinungen mehr und Bewusstsein selbst braucht ErschEINungen. Am Anfang ist's Denken und davor das NICHT, GEIST, dEIN WAHRES ICH und IST nicht getrennt von nix bzw. IST EINheit SELBST.

Unser „Kategorische Imperativ" klingt doch bei genauerer Betrachtung nicht unähnlich der „Goldenen Regel" und beruht auf Moral und Ethik und nicht auf Öko-Wachstum, Ruhm, Macht, Geld etc. sondern aufn (Durch)Blick in die eigene Seele.

Da, wo keine Polarität ist, keine Dualität, sondern wo sie entsteht, da IST GEIST.
Das ist WirkLich, denn hier entsteht Kausalität als Ursache plus Wirkung und's Erwachen so to speak vom Traum. Der Traum erscheint real, aber die Realität ist der Träumer selbst, nur er kann erwachen, nicht das Geträumte. Du selbst bist dieser Geist welcher träumt und verwechselst dich permanent mit dem Geträumten.

Unser Zauberwort ist SelbstErziehung, SelbstBildung, AutoDidakt, SelbstGelehrt, SelfEdukation usw., heißt SELBSTFINDUNG, Ich mit Mir, Du mit Dir, Wir mit Uns AllEin. Aber, das geht uns doch gewaltig gegen den StrICH, denn die vorgekauten pseudo-logischen Erklärungs -bzw. Weltmodelle haben einen riesigen Einfluß auf die eigene Denke, eben weil ja schon vorgefertigt.
Eigene, also nicht konforme Lebens-erfahrungen, wie beim SelbstDenken, der Meditation, der inneren Versenkung, des Gebetes werden nicht gelehrt, aus Angst das unser Lug und Trug Weltbild mit seinem gesamten materialorientierten Öko-Schwindel durchschaut werden kann. Unberechenbarkeit - Nein Danke.
Zeit und Raum sind so stark in unserer Mentalität verankert, das wir garnicht hinter-fragen ob diese Mentalkonzepte überhaupt eine gültige Daseinsberechtigung haben.

Wir kennen sie vom HörenSagen und glauben ganz fest an sie.

Der Autor, dieser Harry Phil, das bin ich nicht wirklich, das ist meine Rolle welche ich z.Z. spiele. Und denkst du an mich, so denkst du etwas über mich, dass ist aber wiederum auch nicht die ultimative Wahrheit. ICH, das EWIGE, das EINE ohne wirkliche Benennung, ist Dasselbe das du auch bIST.

Anders, ich guck mir meine persönlichen Personenspektakels und Debakels ruhig an, bin das Betrachtende, das Beobachtende meines eigenen Charakters, welcher natürlich in seiner Existenz nicht immer bloß der Nette ist, der Liebe, der Weise, sondern ab und an der Arsch (mit Ohren selbst).
Das was schaut ist ohne Wertung ja sogar ohne Gedanken, NEUTRAL, denn ich als Zeuge sehe die Gedanken, meine Gefühle, den Körper doch und trotzdem bin ich bei allen diesen Vorgängen nicht getrennt von nICHts, auch nicht von dir. Unser ge-mEINsamer Nenner ist der Geist, Gott, die Leere, das Namenlose, eben dieses NICHTS und Nix kann nicht kaputt gehen.

Körperlich/Seelisch haben wir ganz viele Ähnlichkeiten, Geistig nur EINE Gem-EINsamkeit, die wir meist EINheit nennen. Körperlich/Seelisch ist das Gemeinsame die *jeweils relative Veränderung, GeISTig ist's das ABSOLUTE SELBST, in dem halt ALLES von Selbst bzw. von AllEin geschieht. ALLES was du über mICH, über dICH, über diese Zeilen denkst passiert JETZT und wenn du übern Anfang dieser Worte nachdenkst tust du's auch JETZT. Aber JETZT ist nicht nur KopfSprechzeit, sondern auch KopfHörzeit, IST Weisheit, ist BewusstSein Selbst.*

Ich sehe mich wie ich als Dramatiker, als Komödiant sowie Tragödiant meine Rolle spiele welche natürlich durchs Drehbuch LEBEN schon festgelegt IST. Dieses Spiels, dieser Aufführung bin ich mir so sehr GeWISS, dass ich's nur zu Betrachten habe. Das was wahrlich IST, wird jedoch meist durch unsere Konzepte von Zeit und Raum vereitelt. So gibt es ganz tolle Meister, die sich immer wieder in ZeiTRäumen verfangen ohne dies zu merken. Und somit deren Le(h)ere gradmal ist wie das Ding mit den beiden Enden, nämlich Worscht.

Im richtigen Leben zählst nur DU SELBST, nicht dein Wissen, nicht deine persönliche Wirklichkeit, nicht deine Info, nicht deine Data sondern EINzig und ALLEIN Was und Wer DU BIST und zwar wirklich BIST.

Für dICH, immer und immer wieder…

Weisheit obliegt dir Selbst, niemand kann und wird für dich weise sein, nicht einmal ich mit diesen Worten. „Wort" ist nicht nur Logos-Übersetzung sondern NOUS und Nous (griechisch) IST auch GEIST, dEIN GEIST, Du GEIST, denn DA IST NUR GEIST, SINN, VERNUNFT usw.

ICHBIN, Ich ist NICHTS, BIN (SEIN) ist ALLES, ergo Bin Ich Alles. Ich kann ich verstandesmäßig nicht fassen, nicht begreifen, es ist nur WISSENDLICH. Bin, Sein ist einfacher, ist Existenz an sich, ist Psycho-Physisch. PsychoPhysik kann gedacht werden und ist in diesem Sinne (m)eine momentan materielle AlltagsErfahrung.

Was Gedachtes, was Gewusstses, ist keine ultimative Realität und die letztendliche Wirklichkeit ist undenkbar aber doch IST sie echt REAL.

Im Sinn, im Geist, in Wahrheit gibt's nichts, was es nicht gibt, denn da ist alles EINS und 1 hat eben kein 2tes neben sICH. Trotzdem glauben wir an den Super-Dualismus und sogar an Multismus. Wir verzetteln uns permanent im Vielen anstatt erst einmal das EINe zu begreifen welches in uns IST.

Aus'm (Tief)Schlaf, welcher an sICH bei der Selbstuntersuchung ja NIX ist, entsteht auf Wunderbare Art & Weise ETWAS, was wir gemeinhin als Träumen und Wachen bezeichnen. Träumen wie Wachen ist ALLES.

Creatio Ex Nihilo ist nämlich genau dieser, dEIN eigener Vorgang im GEIST. So ist man sich Vielem, ja fast Allem was man Träumt sowie Allem was man als Wach erfährt bewusst. Geisteswissenschaft beginnt genau da, im gewöhnlichen AllTagsErleben, im bewussten Heut, Hier und Jetzt und dem Erleben von dem was ist, nicht bloß seiner Interpretation. Selbstuntersuchung dient zum Rausfinden der ElgeNen Wahrheit.

Der Träumer ist nicht von seinem Traum verschieden, da der Traum in seinem Kopf ist, der Wacher ist nicht von seinem WachSein getrennt, da's Wachen in seinem Kopf ist. Eine Kontrolle übers Träumen wie übers Wachen gibt's nicht, denn das passiert quasi „von SELBST, von ALLEIN, AUTOMATISCH" und ist bei genauerer Untersuchung der GEIST SELBST, also DU als dEIN ICHBIN.
Dazu braucht's weder Esogehabe noch Materiegehabe und auch keine Weltbilder, weder der religiöse Mann mit'm weissen Bart auf Wolke 7, noch ein pseudowissen-schaftliches Erklärungsmodell von Photonen und Lichtgeschwindigkeit, sondern einzig und allein dICH SELBST mit echtem Interesse zur SELBSTERKENNTNIS. Das IST das ganze Geheimnis der aller WeisheitsLehren.

Wie du siehst, viel Blabla um Nix, was natürlich nicht verschieden vom All IST.

Den ganzen intitutionalisierten Ritual-Spuk, die Guru-Klugscheißerei, Satsang-Gugus, aufgestiegene Meister, 'nen abstrakten nie erreichbaren Kirchen-Gott, die ganzen Wissenschafts-Weltbild-Theorien braucht's in keinster Weise für dICH.

Es geht um dICH SELBST, um dEIN GEWISSEN, dEINen GEIST, dEIN BEWUSSTSEIN, Das IST ALLes.

Nie und nimmer kannst du zur Wahrheit werden, da du sie schon immer selbst bist.
In diesem Sinne kannst du dir deshalb auch Kurse, Seminare, Schulungen und dergleichen sparen, denn sie wollen eben alle doch nur dein Besten, deinen €.
Du kannst vieles lernen, aber keine Wahrheit. Die kannst du nur SelbstVerstehen. Laß los von deinen Gedankeninhalten. Beobachte dich in deiner Ganzheit und WISSE um dICH SELBST.

Nun, bald ist hier mit dieser Schrift genug und ich fasse meine Quintessenz zusammen. Quintessenz deshalb, weil's sozusagen die Essenz, das Wesen(tliche) aus meinen anderen 5 Büchern ist.
Durch alle zieht sich irgendwie dieser rote Faden von SELBST-BEWUSSTSEIN, jedoch mit verschiedener Ausdruckswiesen.

Da gibts nämlich DAS BUCH ICH, EGO=, NICHT II, UNSERE $€% KULTUR und DER BLAUE GORILLA.

Die Nummer Sex, also dies hier soll mal eine Ausnahme machen. Mal sehen wie, denn die anderen könnten durchaus dann im selbigen Verlag folgen.

GeschICHten die das Leben schreibt. Geist, drückt sICH halt nicht nur durch mICH aus, sondern auch in, durch und mit diesen Werken.

Untrennbarkeit, wie in YinYang, denn in chinesisch fehlt dazwischen das „und". Seit Newton (Mechanischem Weltbild), Descartes (Geteiltem Weltbild) & Co, betreiben wir Teilen wo es nix zu Teilen gibt und verrennen ums damit in analytischen Schnickschnack indem wir das GroßeGanze aus den Augen verlieren. Wir fühlen uns getrennt von einander, getrennt von der Welt, dem Kosmos ja dem Universum. Dieser Fehler ist allerdings bloß ein selbst-erdachter.

So fabrizieren wir Unterschiede, wo in Wahrheit, in Wirklichkeit überhaupt keine sind. Das kann jeder echt Interessierte selbst nachvollziehen durch die Selbsterkundung. Unsere so hochstilisierte Denke ist halt bloß ein kleiner Teil von DEM WAS IST und es ist an EINem SELBST sICH zur WIEDER-ERINNERUNG zu Ent-Schließen.

Anders, Mach AUF!

Einheit kann nunmal nicht nur Erdacht werden, sie ist EMPFUNDEN, GEFÜHLT, im Sinne von GWUSST, GEWISSEN. FÜHLOSOPHIE bzw. ein Selbst PhilosoFühlen wie ich's immer und nie müde werdend nenne, eben ALL1SEIN.

Bei uns hat Philosophie hauptsächlich mit der Art & Weise persönlichen Denkens zu Tun, mit Ideen, Konzepten und vielen Theorien zu dem sie selbst z.Z. geworden scheint. Fühlosophie ist die Realisation von EINHEIT, vom UngetrenntSein, AllSein, die Totale AKZEPTANZ und Bedingungslose LIEBE von „DAS WAS JETZT IST"!

Das Studium von Bewusstsein IST ein bzw. das SELBSTstudium. Wir „haben" Wissen „über" 'ne ganze Menge Zeugs, aber (fast) kein echtes WISSEN von uns SELBST. BEWUSSTSEIN lernt man nicht im Labor indem man neurowissenschaftliche Gehirn-messungen vornimmt, Elektroden an die graue Grütze anschließt oder mathematische Berechnungen anstellt. Bewusstsein IST FundaMENTal und kann nicht erreicht „werden". MENSchen die Bewusstsein echt untersuchen sind z.B. Yogis (ich meine nicht unser westliches Hausfrauen -und Fitness Yoga), Mönche wie Philosophen der Selbst-erkenntnis. Menschen, die ihren Geist auf sICH SELBST lenken und z.B. Meditieren,

Kontemplieren, die Stille, die Ruhe als auch die Pause untersuchen um wirklich zu VERSTEHEN. Allen gemeinsam ist sozusagen der Weg nach INNEN ins L"ICH"T. Das LichT des Bewusstseins wird ja nicht umsonst als Schwarze Sonne, MitternachtSonne usw. bezeichnet. Aber, es geht ums LIVE-ERLEBEN dessen und nicht um einen Reibach damit zu machen, wie's hierzulande gerne getan wird.

LICHT hat keine Lichtgeschwindigkeit, LICHT IST! Energie, Zeit und Raum etc. sind bloß Gedankenkonstrukte. Hat man das einmal SELBSTERFAHREN WEISS man's.
Die materielle, nach Außen gerichtete Suche ist hierbei die Trennung durch exzessives Grübeln. Theorien, Berechnungen, Gutdünkel, Mutmaßungen, sowie jegliche Art von Mentalkonstruktionen sind vergebene Liebesmüh und halten den INDIVIDUALISTEN von seiner eigenen Wahrheit fern.

GOTT, GEIST, LICHT IST DAS BEWUSST-SEIN des ALL1SEINs.

In diesem Sinne IST Licht das Ewige, das Unendliche, das ICHSELBST, ohne Masse, schon immer und überall.

Das nennt man auch wahre „Spirituelle Praxis" und sie wartet bloß auf dICH.

Die einzig Wahrheit, die Wirklichkeit (von jedem selbst überprüfbar) ist, das ICHBIN, das ICH (EXISTIERE), das ES MICH GIBT und dass ICH ERLEBE bzw. ERFAHRE, dass ICH BEWUSST BIN und dies wirklich auch WEISS. Und es heißt nicht umsonst, das der HEILIGE NAME GOTTES DAS ICHBIN IST.

Unser gemeinsamer Nenner, eben's Bewusstsein Selbst, ist leider verkannt und somit (er)leben wir nur noch fraktal und nicht mehr holistisch. So verleugnen wir unser gemEINsames ICH, das EINe und EINzigste ICH, welches ein jeder doch selber Ist. Unser (Selbst)GEWAHRSEIN scheint uns irgendwie abhanden gekommen. Es ist an der Zeit sICH SELBST JETZT Wieder zu REALISIEREN.
Mein Gefühl, mein Bewusstsein von mir selbst, das hat sich nicht verändert, mein Körper, meine Emotionen, meine Gedanken schon, aber nicht dieses Ich.

Richtige Informationen bekomme ich sozusagen INSPIRATIV, genauso wie richtiges Handeln spontan, ungeplant aber dennoch INTUiTIV von Selbst, von AllEin passiert. Ich als Person, als Rolle die ich zu spielen scheine glaube zu Meditieren, doch gebe ich mich dabei völlig auf. Das ist die Aufgabe der Aufgabe.

Zwischen einem UnterBewusstSein (unter bewusst sein, dem FundaMent also) sowie einem ÜberBewusstSein (über bewusst sein, dem Gipfel, dem FirmaMent) IST's Bewusst-Sein selbst. Mit anderen Worten, DU als Mittelpunkt (Mitte, Mittellinie) von Himmel und Erde. Du, die Verbindung von…, was auch immer oder anders, DU die EINHEIT selbst.

Die EINHEIT von dir als „Person" mit dem universellen UnPersönlICHen, von Objekt mit Subjekt, Von Maske und Träger, Denken und Sein, von MENSch und Gott, eben darum EGOTT, ICHBIN.

Chaos mit Kosmos ist's Universum, Seele (GottVater) mit Körper (GottesSohn) Ist HeilerGeist und Du Selbst als BewusstSein bIST die lebendige Synthese von und mit ALLem.

In diesem Sinne gibt's nur EIN MITEINander, kein Gegeneinander, auch wenns uns so erscheint und wir's beigebracht bekommen haben. Sobald dein Gegner (Gegen-Wart) nicht mehr da ist, bist du's auch nicht mehr. So kannst du denken an was du willst, sämtliche Gedanken haben dICH als Gemeinsamkeit. Gut und Böse, Hell und Dunkel, Mann und Frau sind's sich ergänzende (GANZE) Polaritäten die nicht vonEINander getrennt bzw. geteilt sind. Alle echten Weisheitslehren berichten von einer

*untrennbaren EINHEIT ALLEN SEINS.
Bewusstsein an sICH IST diese EINheit.
Pause, Stille, Ruhe ist das KompleMENTtär
zur Bewegung, Aktion, (E)Motion, Universum,
Ent-2t.*

*Es klingt viel komplizierter als es in Wirklichkeit
ist, denn das GroßeGanze bIST DU, dEIN ICH,
dein ICHBIN. Du bist dein eigenes Mittel als
auch dein eigener Zweck in Einem.
Wie man sich allerdings mit einem Messer
auch selber schneiden bzw. verletzen kann, so
kann man dies auch mit den eigenen
Gedanken. Geschicklichkeit im Umgang mit
Werkzeugen will gelernt sein und die Theorie
mit der Praxis kombiniert ergibt das nötige
SelbstVertrauen in der Beherrschung sogar
der feinstofflichsten EleMENTe, dem ganz
individuellen DENKEN und der individuellen
PAUSE davon.
Ich als (d)eine Art „Konfusius" drücke mich
hier für den sogenannten Normalgeist wohl
eher recht konfus, kompliziert, undeutlich,
widersprüchlich ja vielleicht sogar unnütz und
sich ewig wiederholend aus und so hoffe ich,
dass Du Dich natürlich nicht zum genormten
Schulwissen ohne Ver-änderungspotential
degeneriert hast. Jetzt beim Lesen hast du
dich wahrscheinlich sogar etwas an meine
Schreib -und Ausdrucksweise gewöhnen
können. Die Gesetze der Gram-matik, der
Natur u.v.m. sind allesamt MENSchlICHe,*

aber es steht einem selbst frei, seine eigenen Gesetze zu machen und diesen unbekümmert zu folgen. In diesem Sinne ist Freiheit nicht ein Freisein von Gesetzen, sondern im harmonischen Einklang mit diesen. Ich weiß, es ist nicht alles Gold was glänzt, also ab ins Laboratorium (Arbeit -und Gebetshaus) ums Gold nicht nur zu Machen, sondern dies zu SEIN.

Nicht zwanghaft Denken, sondern Verstehen im Sinne von Bewusstsein ist die Lösung. NICHTDENKEN geht nur für eine Weile, denn unser Denken ist ein fast ständig ununterbrochener, automatischer Prozeß geworden. Und doch haben wir Einfluß auf Quali -wie Quantität unserer Gedanken sowie auch der dazugehörigen DENKPAUSE, eben dieser STILLE, der inneren RUHE. Die Kombination von Ruhe und (Geist)Bewegung ist's offene Geheimnis.

Mein Geist braucht Futter, braucht Körperlichkeit, allerdings ist für diesen, meinen Geist ja jegliche Information schon Körperlichkeit. Feinstofflich/Grobstofflich gehören eben auch zusammen.

So, irgendwann ist's mal gut und irgendwann ist natürlich JETZT und so geht's sozusagen ins Finale.

Fazit, Essenz, Zusammenfassung und natürlich Repetitionen en masse folgen, HaHa.

Sinn und Zweck des Lebens bIST DU SELBST! Du bist's Leben, bist Bewusst, bist Nix und Alles, bist Gott und die Welt gleichsam. Du bist nicht nur DAS was du über dich denkst und glaubst, sondern wesentlich Mehr, Größer, Perfekter, Vollkommener und ganz einfach WUNDERBAR.

EGOTT im Sinne von ICHGOTT soll hier schon auf die unzertrennliche Einheit hinweisen. Du als ICH bIST bereit das gänzlich Vollkommene, aber ohne dies wahrlich zu WISSEN. Ich rede hier nicht von einem Wissen was vergänglich ist.
Mit EGOLOGIE als Wissenschaft vom ICH, meine ich (d)eine Fühlosophie und nicht etwa intellektuelle Stammtischdiskussionen.

Alles was du DENKST denkst du JETZT, auch was du glaubst Gestern, Vorgestern oder irgendwann mal Früher in deiner Vergangenheit gedacht zu haben DENKST du diese Gedanken JETZT.
HEUT, HIER und JETZT IST die EINzige (T)RaumZeit und sie ist ALLumfassend. Du erlebst deine Welt nach deinen inneren Überzeugungen, so wie und was du wirklich DENKST und GLAUBST.
Willst du's Anders, Ändere deine EINSTELLUNGEN, aber AKZEPTIERE 100%

was in diesem MoMENT IST (nicht deiner Interpretation der Situation).

LIEBE IST gänzliches EINVERSTANDENSEIN mit genau diesem Augenblick. Liebe nicht nur das was du magst, sondern BeDingungslos, Liebe auch deine Feinde.

SelbstErkenntnis ist SelbstBeobachtung, 24/7. SelbstBetrachtung ohne erst einmal eingreifen zu wollen bzw. zu müssen.

Du bist nicht verschieden von deinen Gedanken, Gefühlen, Körper aber frei davon als BEWUSSTSEIN SELBST. Du bist die EINzige GemEINsamkeit von Polaritäten welche dir als Dualitäten oder aber Vielheiten erscheinen. Polaritäten schließen EinAnder nicht aus, sondern BeDingen EINANDER, sind sozusagen KOMPLEMENTÄR. Sich im Detail zu verlieren heißt oft das GROSSEGANZE nicht zu erkennen, doch Detail und Ganzes sind auch polar wie UniversumIndividuum, SubjektObjekt, (T)RaumZeit, DUICH, ALL1, YINYANG, NIXALLES usw. usf.

Die Verbindung, die Mitte, das Da-Zwischen von HimmelundErde bIST DU SELBST und nur DU.

Alles fängt im Kopf an, auch du, deine Person, Persönlichkeit, Charakter ja auch dein Hier und Jetzt erdachter Kopf, welchen du nun zwangsläufig innerlich spricht, hörst ja sogar

fühlst. Als deinen rechten Kopf bezeichne ich nämlich immer das Bewusstsein. Im Haupt Gottes entsteht deine Idee und sie vergeht wieder zu Gottes Kopf. Das ganze Chaos-Kosmos-Geschehen ist UNIversal und nicht abgetrennt von dir. Du bIST das Ewige, das Unendliche, das Ungeborene SEIN SELBST.
Nichts und Niemand kann dICH zerstören, für dICHSELBST ist Tod bloß eine Vokabel.
Bewusstsein, dein Gewissen weiß (falls du's denn zulässt), ums dein Unter -wie dein ÜberBewusstSein, ums Persönliche wie's UnPersönliche, um Gott und die Welt.

Gönn dir mal diese MEDITATIVE DENKPAUSE, geh in dich und fange endlich an dICH SELBST zu VERSTEHEN.

SEIN und HABEN ist auch POLARITÄT und Du bIST das ALLES SELBST, ohne Ausnahme. Als Person gibt's keine Wahl, sonst wäre nämlich dein Leben, deine Existenz wohl doch aller Wahrscheinlichkeit nach etwas anders verlaufen.
Erst als (Gott)MENSch kannst du frei entscheiden. EntScheiden ist VerEinen.

Deine eigene, wahre Natur und die da Draussen, zeigt dir unmissverständlich ein Zusammen, Gemeinsam etc. an wobei Vordergrund, Hintergrund usw. bloße Mentalprojektionen, sprich Konzepte sind.

Du bIST GEIST und ES GIBT NUR GEIST, (dito mit Gott), denn in der Medi erfährst du vielleicht das Energie sich selbst ständig in Veränderung befindet aber dennoch immer nur sICH SELBST IST.

So untersuche nicht nur Materie, sondern auch deinen Dieser zugrundeliegenden Geist. Schau nach INNEN, LAUSCHE deiner eigenen Stimme, denn das Sehen und Hören an sich IST dir oft näher als was du zu erkennen vermeinst.

Deine Art und Weise kann sich verändern, zur Spontanität, zur Intuition, zur Inspiration, denn diese anderen Sinne schlummern in dir, meist ohne je wirklich wahrgenommen zu sein.

Aber mein Freund-in, ich will hier dass du mir nicht glaubst sondern das gesagte selbst erfährst. Ich will dass DU SELBER DENKST und natürlich auch SELBER PAUSIERST, denn letztendlich geht's immer um dICH-SELBST und du bIST ALL1, also ohne 2tes neben dir!

Lies das also Bitteschön mit ganz gewaltig viel Humor und lach dir sozusagen den Arsch (mit Ohren) selbst ab über diesen Heut von dir veranstaltete Vortrag.

Es gibt bloß 1 ICHBIN, also nur Ein ICHBIN und das BINICH, also DUSELBST. GEIST IST EINER (nicht mehrere) und ALLES IST GEIST.

Dein persönlich individueller Geist ist bereits unpersönlich Individual-Geist. Gehst du sozusagen Hand in Hand mit dem Kosmos, erlebst du Wunder über Wunder, Heut, Hier, Jetzt. Dein Leben ist kein Kampf sondern ein Spiel, denn Spielen tut man MITEINANDER, nur der vermeintliche Kampf ist Gegen-Ein-Ander. Dein freier Wille zugunsten Gottes Wille ist dEINe Lösung.

Ein BewusstSein IST's und du kannst drum WISSEN. Frage dich was und wer du wahrlich bist und geh in die innere Ruhe, nicht der sprichwörtlichen Kraft wegen sondern der Weisheit wegen.

Setz dich bequem hin und achte aufs ATMEN, feiner noch, deinen Herzschlag, spüre ohne zu intervenieren und WAS oder WER spürt das Spüren? Was sieht mit oder durch deine Augen? Mit erstmal allen 5 Sinnen mach's Gleiche und mit Freude an der SELBST-WISSENSCHAFT. BeRuhige dICH bzw. deine Denke erst einmal und betrachte den Atem. Anfangs ist's ne Mischung von selber Atmen und geatmet werden. Nur das Ein und Aus Beobachten, Lauschen, Empfinden, Nix verändern, bloß Betrachten um wirklich zu Wissen. Und schlaf dabei nicht ein, denn sonst ist's umsonst, auch wenn dir gewisse Therapeuten nahelegen, das du im Schlaf eh alles mitkriegst. Mach halt deine EIGENEN Erfahrungen und sei für NEUES offen.

Dei Sache mit der Polarität geht nämlich ad infinitum wenn man (Frau auch) so will. Die Frage was vor der Polarität ist, die Frage nach'm WARUM, die wird VON-SELBST gelöst, VON-ALLEIN, aber nur wenn's dEINE EIGENE FRAGE IST!
Wenn der (dein) Weg das Ziel ist, gibt's nur das GEHN'… Verstehn'?!!!

Richtige Meditation (kein geführtes NewAge Blabla), richtiges Beten (kein „oh Lord word you buye me"… Blabla), richtiges Kontemplieren (kein „wie Werde ich…"), echte Mystik (kein angelesener MindFuck), echtes SelbstInterESSE in Meinem, Deinem, Unserem Sinn braucht immer nur dICH SELBST, denn du bIST bereits voll KOMPLETT!

Und ATME wieder bewusst, denn wenn du hier liest, ist dir wahrscheinlich das Lesen bewusst, nicht aber das ATMEN. Das was man Denkt erscheint einem real und die ungedachten Gedanken sind dabei erstmal nur als Möglichkeiten existent, sie gibt es einfach nicht im Kopf.
Apropos Atmen, diese kleine Kon-ZEN-trationsübung solltest du des öfteren machen. Finde mal raus, ob du auch atmest wenn du nicht ans Atmen denkst, laß dich aber dabei nicht von deiner alten Logik beeinflussen.

Bist du grad mit deinen Augen auf diesen Zeilen, wo und was ist dann ein „hinter dir", bis auf eine gedankliche Vorstellung im eigenen Kopf?!

Und wenn du dich nun durchs Rumdrehen vergewissern tust, wo sind dann im gleichen Moment diese Buchstaben, Worte, Zeilen usw.?

Natürlich schon wieder eine Phantasie im Kopf. Real ist für dich bloß die augenblickliche wahrgenommene Wirklichkeit, egal ob mit deinen 5 Sinnen oder aber den 3 Fein-Sinnen Instinkt, Intuition, Inspiration.

Laß doch einfach mal los von dem eigenen Interpretieren deiner Lebensumstände und du wirst eine grandios perfekte Welt entdecken, zu der du nicht nur gehörst, die du sogar selber bist. Dein anerlerntes Teil -und VerschiedenheitsDenken, sozusagen die eigene KleinGeistLogik ist's scheinbare Problem. Zuviel chronisch-zwanghaftes Nachdenken, Grübeln bzw. sich selbst gedanklich quälen anstatt sich der Ruhe hinzugeben; SEINzulassen ist wahre LebensKunst.

MENSchen die wissen, die wissen was hiermit gemeint ist, die lesen nicht nur Informationen raus, sondern machen gleich SELBST-ERFAHRUNG.

Du kannst unmöglich übers Nichtdenken Denken (klar kannst du das, aber das ist jetzt hier nicht gemeint), sondern dies durch Übung, also die eigene Praxis, Selbst-Erleben. Deine Naturwissenschaft trichtert dir dogmatisch ein, das Licht durch deine Augen zum Sehzentrum (Hinten in Dunkeln) in deinem GeHirn elektromagnetisch und chemisch in dir bloß ein Image, also eine Repräsentation, nicht's Original, erscheinen läßt. Und wenn du Träumst, sind ja die ganzen Bilder auch nur im Kopf.

Funktioniert SEHEN vielleicht andersrum, von Innen her? Die Wissenschaft erklärt dir somit, dass du bis Dato das Wahre, die Wirklichkeit garnicht kennst, sondern nur Ersatz, Repräsentationen.

Du siehst doch, das ist Fakt! Aber, kannst du das Sehen sehen, das Hören hören usw. mit allen Sinnen, macht das Sinn?

Oh Ja, ATME und Meditiere drüber. Wer oder was sieht, hört, riecht, schmeckt, fühlt und weiß? Du als Person oder etwa GEIST, der DU natürlich SELBST bIST?!

Im GEIST entsteht Bewusstsein, Bewusstsein über..., auch dich selbst, nicht umgekehrt. Weißt du GeIST um dICHGEIST, nenne ich's SELBSTBEWUSSTSEIN. Dies gilt's wahrlich zu VERSTEHEN, mit, durch dICH GEIST und nicht durch ein vermeintlichen Gehirn-geDANKEn.

Wunder erfährst du weil du Selbst WunderVoll bIST!

Meine ESSAYS Hier und Jetzt sind sozusagen Geist in Aktion und nur geschrieben für dICH Geist zum SelbstVerständnis.

DEine Religion IST dEIN eigener HEILER GEIST. Wahre Religiosität hat nämlich nichts mit in die Kirche gehen zu tun, sondern ist rein GEISTiger Natur, ist das Verstehen, dass Du Selbst eben dieser reine GEIST bist. Deine Wissenschaft beginnt mit der eigenen SelbstBeobachtung von dEINer Welt mit Körper, Seele mit und durch dEINen eigenen Geist im persönlichen Laboratorium. Deine Philosophie ist die bedingungslose LIEBE dEINer GeistesWeisheit, ist die praktische SELBSTERKENNTNIS in deiner Universal-Akademie deines eigenen Alltags. Heut, Hier, Jetzt bist du deine EGÖTTLICHKEIT, das absolute GEISTICH, vollkommen transparent.

Aus dem HEILEN, dem EINEN GEIST ist ALLES, BewusstSein (ICHBIN), das SELBST IchBin, sowie jegliche Materie als ichbin, habe, tue. Das ist der eigene spirituelle Aufstieg, symbolisch von unten nach oben, von der erscheinenden Vielfalt zur   nicht existenten GEISTEINHEIT.

Das, was ich hier immer wieder mit GEIST benenne, also deine (wie im ZEN) Wahre Natur, ist in echt unsichtbar, sozusagen transparent, durchsichtig, will sagen mit deinen normalen 5 Sinnen eben nicht wahrnehmbar. ES IST ALLERDINGS die EINzige wirkliche Wahrheit und dieser kannst du nur für dICH SELBST BEWUSST SEIN. GEIST IST, ALLES IST GEIST und es gibt nur DAS!

Die Rück - bzw. WiederErkennung von was wahrlICH IST, ist Sinn und Zweck dEINer Existenz, ob du das nun glaubst oder nicht „is up to you".

Mystik als Weg heißt sich mit GEIST zu befassen, zu beschäftigen und somit die eigene Subjektivität zu erkunden. Eine Subjektivität welche sozusagen hierarchisch über der Polarität von Subjekt und Objekt IST. Mystisches Erleben ist von, mit und durch sICH SELBST.

Und da GEIST in keinster Weise objektiv wahrgenommen werden kann, ist diese bewusstseinsüberschreitende „Transzendenz" die eigenerlebte Unio Mystica, d.h. die wissbare Erfahrung von GEIST als GEIST SELBST.

Sex, Drugs and Rock'n Roll und Gewalt werden uns auf fast allen öffentlichen Kanälen unserer MainstreamMedien-Lug und Trug-Land-schaften in Brainwashing-Art & Weise jeden Tag kredenzt und sind ausschließlich materialistisch hypnotisch so durchsetzt, dass Otto Normalverbraucher dazu auch noch klatscht.

Stars are not born, they are „made", genauso wie unser System ein „GeMACHTes" ist und uns nach Strich und Faden verarscht. Aber wir sind sind die Blöden, die alles blind glauben und uns einen Teufel um unsere eigene Wahrheit scheren.

Malochen, Ficken, Saufen, Fressen, aber hauptsächlich Buckeln (unwissentlich ver-sklavt), um immer mehr zu Haben und zu Konsumieren scheint „IN" zu sein.

GOTT, GEIST, SELBST schreibt sich ohne „ich" (Bitte nicht gleich (miss)interpretieren). Könnte mit ich-mir-mich-meins der Sohn gemeint sein, den der Vater zur Erlösung opfert? Die Mystik ruft, wer Ohren hat zu hören,…!

Mit ins Himmelreich durch Neugeburt, ist vielleicht deine NEUE GEISTIGE GEBURT gemeint, aber das gilt's eben persönlich rauszufinden.

Na klar, deiner Meinung nach widerspreche ich mir schon wieder, doch dein Denken um meine Meinung ist relativ uninteressant, denn du individueller MENSch bIST das ABSOLUT-INDIVIDUALE.
Vielleicht fehlt deshalb die Pyramidenspitze oder ist getrennt vom Rest der Pyramide. Doch OB8, du schafft's so oder so zu (Miss)Interpretieren und nicht nur du. Vorsicht vor Mainstream, Vorsicht vor Verschwörungstheorien, Vorsicht vor Influenzen von Kirche, Staat, Politik, Wirtschaft, Sport, Film und Fernsehen, Unterhaltungsprogrammen, und allem anderen hypno-manipulativem Brainwash.
Und Vorsicht vor der (ängstlichen) Hyper-Vorsicht selbst!

GEIST IST das WIRKLICHE im eigenen Wortsinne, als DAS was Wirkt, denn Alles kommt, geht Ja IST dieser GOTTGEIST.

So verwechsele den (leider) verworfenen Eckstein (diesen absichtlich fehlenden Abschussstein), nicht mit der materiellen Pyramide an sich. Auf diversen Bildern ist im obig sogar separaten Dreieck, ein Auge mit Strahlenkranz als DAS GEISTige abgebildet. Es drückt sinnbildlich den „freien, absoluten GeIST" aus, total unabhängig, vom Rest der Erden-Pyramide. Dieses Symbol ist oft missverstanden und dient einer ganzen Reihe von möglichen Szenarien von Gut und Böse, aber das SELBST wird verkannt.

TransZENdenz als „DIE" mystische Selbsterfahrung des Adepten der Weisheit, dass ICHSELBST die EINzige REALITÄT, eben WahrlICH und WirklICH BIN.

Die ESSENZ von ALLEM BIST DU SELBST, das was Du als DEINEN GEIST bezeichnen würdest, aber den „hast du nicht", sondern DU BIST DAS!

Du bist nicht der Besitzer von Geist, von Bewusstsein sondern DIES bzw. GOTT selbst. Du bIST DAS, was du mit deinen 5 Sinnen nicht wahrnehmen kannst, das was allerdings die EINzige WIRKLICHKEIT bzw. REALITÄT IST. Vor einem Rene Descartes BIN!CH, denn er war (ja ich weiß, Zeit) nur sein Denken, doch !CH ist primordialer FAKT. Alles Andere ist eben halt bloß mind-FUCKED oder aber Illusion.

Du bIST bevor etwas gedacht bzw. in Erscheinung tritt und gleichzeitig aber nicht von deinen Erscheinungen getrennt. Du bIST das wahre WESEN, das WesentlICHe von und in ALLem.

Deine ewige Zeit ist genau Heut und Jetzt, dein unendlicher Raum ist genau Hier, du der Denker, der Träumer in dessen Kopf bzw. Haupt sich alles abspielt (nicht der Kopf an den du grad denkst ist gemeint), bIST das

Ganze SEIN inklusive sämtlicher Existenzen, eben DU, das ALL1SEIN.

Mit Extase oder aber Ekstase wird meist ein (Ausnahme)Zustand SEELISCHER Euphorie beschrieben. Sozusagen Mystik LIVE, Ver-Zückung, EntRückung etc. und von wegen der Mythos das Du ein evolvierter Menschen-affe bist. SelbstVerständlICH auch ohne Fasten, ohne Askese, ohne Sex, Drug's 'n Rock'n Roll, sondern eben halt nur durchs eigene SELBSTWISSEN, SELBST-VERSTÄNDNIS, wozu du natürlich HIERJETZT immer und immer wieder HERZL"ICH" eingeladen bist. Und glaube bloß nicht, dass wenns mal AHA macht, dann alles vorbei sei, NEE, dann fängt's erst rICHtig an Spaß zu machen mit diesem live BewusstSeinSelbst.

Informiere dICH selbst und laß die Daten von Außen erst einmal keinen Einfluss auf dICH nehmen. Du MENSch hast bereits ALLes in dir und genau da findest du auch was du suchst. Ein Mehr an äußeren Dingen ist nicht des Rätsels Lösung, sondern deine eigene innere Zufriedenheit, deine selbsterlebte Glück-seligkeit als DAS was du wirklICH bIST. MENSch, WISSE um dICH SELBST!!!

Fang JETZT, Hier und Heut an zu Hinterfragen was man dir so alles vorgaukelt durch social media, Internet, Fernsehen, Radio, Zeitung & CO, denn ab und an hat's den Eindruck, dass das alles irgendwie weitgehend absichtlich „getürkt" sei.

Blicke durch den faulen Zauber der Massenbeeinflussungsstrategien und glaube keinem Anderen als DIR SELBST.

SELBSTVERTRAUEN ist Vertrauen auf GOTT, das ist der einzige GLAUBE den's im Alltag zu verwirklichen gibt und dazu ist keine Institution vonnöten. Im Tabernakel deines eigenen Tempels kannst du den „Stein der Weisen" mit GeistesAlchemie selbst herstellen. Das VITRIOL ist in dir und AZOT ist Mercurius, sprich Sonne, Mond plus …, Alles auf EINmal stilisiert in EINem Symbol.

SEI STILL UND WISSE ist hierbei's Mittel zum Zweck und in diesem Fall heiligt der HEILIGE ZWECK wirklich das MITTEL, Mach's Einfach!

Es ist einfacher sich im Geist mit irgend-welchem Tinnef zu beschäftigen als seinen Geist mal ernstlich auf sich selbst zu lenken. Die Gewohnheit sich im Kopf mit unnützen Sachen zu befassen ist so vehement stark geworden, dass es einem fast natürlich erscheint dem eigenen chronisch-zwang-haften Denken immer wieder nachzugeben, anstatt sich mal eine aktiv, bewusste DenkPause zu gönnen. Mit DenkPause ist hier mitnichten das Schlafen gemeint, sondern ein 8geben.

Mentale Selbstberuhigung ist am Anfang mit der AtemkonZENtra(di)tion einhergehend.

SICH in sIC SELBST versenken ist die meditative Kunst und für wenige sogar die natürliche Art des sICHselbstVerstehens.

In sICHSELBST einzutauchen um aus sICHSELBST wieder aufzutauchen ist's EINzige Gestz im UNIVERSUM, die kosmische Ordnung, so wie's Ein -und Ausatmen, so wie der Herz-Puls, so wie Tag und Nacht, Wachen und Träumen, halt Stille und Denken.

Nun darfst du deine eigenen Wiederholungen machen wenn's beliebt, denn soweit allright, Hier in Unterfranken nähe „Aschebersch".

Jetzt mach ich wieder mal ne Pause, schreibe aber dennoch KonZENtrate bei Wordpress und einigen Soc. Medias. Berate wieder 1 zu 1 und lebe einfach live in den Tag hinein mit der Muse zum SEIN.

Klar könnte man nie aufhören mit dem Verfassen von Texten wie diesem, aber irgendwann ist auch mal GUT. Lies'n halt nicht bloß einmal, denn jedesmal gibt's neue Einsichten und natürlich ein Mehr an Verstehen.

VERSTEHEN, dass dies kein K(r)ampf ist, sondern Spirit-Play in (Self)Motion, ist WISSEN und ist LICHT und LIEBE für Das

Was IST. DuSelbst als das ICH, bIST dEIN eigenes sowie das EINzigste echt wirklich wahre Axiom im WortSinne.

Als Berater gebe ich dir hiermit den (natürlICH ungefragten:-) Rat zur Stille echten Wissens, zur Ruhe in der Kraft und zur Pause des Denkens, denn die andere Hälfte deines Lebens praktizierst du ja eh schon. Laß's also GUT SEIN und mit Spaß an der Freude angehen.

Hoffe du hattest Kurzweil mit den vielen Wiederholungen beim Schmökern und den eigenen EinsICHten deiner immer wieder JETZT selbst-gesprochenen GeistesWorten.

Leben ist LIVE und voller Überraschungen, so auch (d)ein AHA.

Wisse, Merke und Spüre, Fühle DEIN ALL1SEIN...

Du SELBST bIST's BEWUSSTSEIN selbst, bIST GEIST, bIST (E)GOTT

In LIEBE

Seine Selbstheit !CH